Schlanke Pause

Schlanke Pause

Dr. Oetker Verlag

Vorwort

Sie zeigen vollen Einsatz in Familie und Beruf. Sie möchten sich generell gesünder und ausge-
wogener ernähren, dafür möglichst wenig Zeit aufbringen und nebenbei ein paar Pfunde verlieren.
Dr. Oetker hat für Sie die passenden Rezepte so zusammengestellt, dass Sie weder aufwändig
einkaufen, noch stundenlang in der Küche stehen müssen. Alle Rezepte sind für eine Portion
berechnet, lassen sich aber unkompliziert vervielfachen. Zudem finden Sie viele Ideen, Tipps
und Tricks zum Vorbereiten, zum Mitnehmen sowie zum »Tunen« der Rezepte für diätunwillige
Familienmitglieder oder Freunde.

Starten Sie doch britisch in den Tag mit einem Beeren-Nuss-Porridge. Ein wahrer Energielieferant,
der satt, fit und glücklich macht. Heißhungerattacken sind also garantiert ausgeschlossen. Mittags
vielleicht Lust auf Löffeln und Schlürfen? Meerrettich-Pastinaken-Suppe oder Kürbis-Möhren-
Eintopf sind geeignete Kandidaten. Wer lieber mit Messer und Gabel isst, blättert im Kapitel mit den
Hauptgerichten. Ob Fleisch-Fanatiker, Fisch-Fan oder Gemüse-Junkie: Hier gibt's kulinarische
Köstlichkeiten in Hülle und Fülle. Abends wird ein Salat immer wieder gern genommen. Zwischen
Hirsesalat, Hähnchen-Salat im California-Style und italienisch inspiriertem Brotsalat finden Sie
garantiert Ihren persönlichen Favoriten.

Weil die Seele auch mal Süßes braucht, gibt es Apfelmusgrieß mit Mandelsplittern. Oder doch
lieber einen Birnenmus-Trifle? Obwohl – der Kiwi-Apfel-Refresher hört sich auch gut an …

Frühstück & Snacks

308 _kcal_

E: 13,3 g, F: 9,0 g, Kh: 41,6 g,
kJ: 1296, BE: 3,5

Beeren-Nuss-Porridge

1 TL gehackte
Haselnusskerne (5 g)
2 geh. EL kernige
Haferflocken (30 g)
200 ml Milch (1,5 % Fett)
1–2 TL Agavendicksaft oder
flüssiger Honig
100–150 g frische Beeren
der Saison, z. B. Erdbeeren,
Himbeeren, Heidelbeeren
(ersatzweise TK-Beeren)

1 Prise gem. Zimt

Zubereitungszeit: 10 Minuten

1. Haselnusskerne und Haferflocken in einem kleinen, möglichst beschichteten Topf bei mittlerer Hitze ohne Fett unter Rühren anrösten, bis sie anfangen zu duften. Dann die Milch vorsichtig hinzugießen und zum Kochen bringen. Agavendicksaft oder Honig unterrühren. Die Masse etwa 5 Minuten bei schwacher Hitze unter gelegentlichem Rühren ausquellen lassen.

2. Beeren verlesen, evtl. kurz abspülen und gut abtropfen lassen. Beeren entstielen, Erdbeeren je nach Größe halbieren oder vierteln.

3. Beeren-Nuss-Porridge evtl. noch mit etwas Agavendicksaft oder Honig und 1 Prise Zimt abschmecken und mit den Beeren anrichten.

TIPPS: *Zum kalorienärmeren Süßen können Sie statt Agavendicksaft oder Honig auch Stevia verwenden. Stevia ist ein aus dem südamerikanischen Süßkraut (auch Honigkraut genannt) gewonnener Pflanzenextrakt, der eine bis zu 30-fach höhere Süßkraft als Zucker hat und praktisch keine Kalorien enthält. Als Süßungsmittel sind Steviaprodukte (z. B. Streu-Süße) bei uns in Reformhäusern, Drogerien und gut sortierten Supermärkten erhältlich.*
Aufgrund der hohen Süßkraft von Steviaprodukten, sollten Sie unbedingt die Dosierungsanleitung auf der Packung beachten!

Orangen-Bananen-Saft

179 kcal

E: 2,7 g, F: 0,7 g, Kh: 37,3 g,
kJ: 749, BE: 3,0

Erdbeer-Mandelmilch-Smoothie

160 kcal

E: 3,1 g, F: 5,0 g, Kh: 24,0 g,
kJ: 671, BE: 2,0

Petersilien-Sojamilch-Smoothie

122 kcal

E: 8,8 g, F: 3,2 g, Kh: 13,5 g,
kJ: 513, BE: 1,0

Breakfast-Drinks

Für Orangen–Bananen–Saft mit Kiwi (im Foto hinten):
1 kleine Banane (etwa 100 g Fruchtfleisch)
1 Kiwi (etwa 50 g)
150 ml frisch gepresster Orangensaft
evtl. 1–2 Eiswürfel

Für Erdbeer–Mandelmilch–Smoothie (im Foto links):
150 g frische Erdbeeren
200 ml kalte Mandelmilch (aus dem Reformhaus)
1 TL Voll-Rohrzucker (5 g)
1 EL Zitronensaft
gem. Zimt

Für Petersilien–Sojamilch–Smoothie (im Foto vorne):
½ Bund Petersilie
200 g Salatgurke
200 ml kalte Sojamilch oder Buttermilch
2 TL Hafer-Schmelzflocken
Salz
gem. Pfeffer
Kreuzkümmel (Cumin)

Zubereitungszeit: 5 Minuten je Drink

1. Für *Orangen–Bananen–Saft mit Kiwi* Banane und Kiwi schälen, beides in Stücke schneiden. Bananen- und Kiwistücke mit dem Orangensaft in einem Rührbecher so lange pürieren, bis ein farblich einheitlicher Drink entsteht. Nach Belieben die Eiswürfel in ein Glas geben und mit dem Drink auffüllen.

2. Für *Erdbeer–Mandelmilch–Smoothie* Erdbeeren putzen, abspülen, gut abtropfen lassen und entstielen. Die Mandelmilch mit Zucker, Zitronensaft, etwas Zimt und den Erdbeeren in einen Rührbecher geben und alles kurz pürieren. Smoothie in ein Glas gießen.

3. Für *Petersilien–Sojamilch–Smoothie* Petersilie abspülen und trocken tupfen. Die Blättchen von den Stängeln zupfen. Gurke abspülen, trocken tupfen und nach Belieben schälen. Von der Salatgurke das Ende abschneiden, Gurke in Scheiben schneiden. Milch mit Schmelzflocken, Salz, Pfeffer, Kreuzkümmel, Petersilie und Gurkenscheiben in einen Rührbecher geben und alles kurz pürieren. Smoothie in ein Glas füllen.

TIPP: *Richtig satt macht der Orangen–Bananen–Saft, wenn Sie 2–3 Esslöffel Schmelzflocken unter den fertigen Saft rühren. Statt Orangen– schmeckt auch Grapefruit– oder Blutorangensaft (zusätzlich E: 2,1 g, F: 1,2 g, Kh: 10,7 g, kJ: 262, kcal: 62, BE: 1,0).*

AUCH LECKER: *Für einen Mango–Reismilch–Smoothie ½ Banane (etwa 50 g Fruchtfleisch) schälen und das Fruchtfleisch in Scheiben schneiden. 75 g Mango-Fruchtfleisch in Stücke schneiden. 100 ml kalten Reisdrink mit ½–1 Esslöffel Zitronensaft, Bananenscheiben und Mangostücken in einem Rührbecher kurz pürieren (E: 1,2 g, F: 1,4 g, Kh: 29,2 g, kJ: 584, kcal: 140, BE: 2,5). Für einen Paprika–Mandelmilch–Smoothie ½ Paprikaschote (etwa 75 g) entstielen, entkernen und die weißen Scheidewände entfernen. Paprikahälfte in Stücke schneiden. 1 gelbe Tomate (etwa 85 g) abspülen, trocken tupfen, vierteln und den Stängelansatz herausschneiden. 100 ml Mandelmilch mit Salz, Pfeffer, einigen getrockneten italienischen Kräutern sowie Paprikastücken und Tomatenvierteln in einen Rührbecher geben und alles kurz pürieren (E: 2,7 g, F: 2,6 g, Kh: 11,7 g, kJ: 347, kcal: 82, BE: 1,0).*

297 *kcal*

E: 19,8 g, F: 5,0 g, Kh: 43,1 g,
kJ: 1250, BE: 3,5

Frischkäse-Melonen-Müsli

1 TL Kürbiskerne (etwa 5 g)
100 g körniger Frischkäse
(0,8 % Fett)
150 g Honigmelonen-
Fruchtfleisch (vorbereitet
gewogen)
2–3 EL Vollkorn-Hafer-
flocken (etwa 25 g)
1 TL flüssiger Honig (10 g)
Zubereitungszeit: 10 Minuten

1. Kürbiskerne in einer Pfanne ohne Fett unter Wenden rösten und auf einen Teller geben. Frischkäse in ein Müslischälchen geben.

2. Melone schälen, entkernen und das Fruchtfleisch in Spalten oder Stücke schneiden.

3. Melonenspalten mit Haferflocken und Kürbiskernen auf dem Frischkäse verteilen und mit Honig beträufeln.

Knusper-Obstsalat
(ohne Foto)

E: 4,4 g, F: 1,8 g, Kh: 53,7 g,
kJ: 1086, BE: 4,5

2 EL Vollkorn-Haferflocken
(etwa 20 g)
50 g blaue Weintrauben
½ kleiner Apfel (etwa 75 g)
1 kleine Banane (etwa 100 g)
Saft von ½ Orange (40 g)
1 TL flüssiger Honig (10 g)
Zubereitungszeit: 15 Minuten

1. Haferflocken in einer Pfanne ohne Fett unter Wenden goldbraun rösten und auf einen Teller geben.

2. Weintrauben abspülen, trocken tupfen, halbieren und evtl. entkernen. Apfelhälfte heiß abwaschen, abtrocknen, entkernen und mit der Schale in schmale Spalten schneiden. Banane schälen und in dünne Scheiben schneiden.

3. Orangensaft mit ½ Teelöffel Honig verrühren und sofort mit den vorbereiteten Obststücken mischen. Obstsalat mit den Knusperflocken bestreuen und mit dem restlichen Honig beträufeln.

183

E: 17,8 g, F: 3,2 g, Kh: 20,2 g,
kJ: 763, BE: 1,5

Kasselerröllchen
mit Radieschen–Frischkäse auf Toast

2 Scheiben Vollkorn-
Toastbrot (40 g)
50 g Frischkäse (0,2 % Fett)
gem. Pfeffer
½ TL Delikatess-Senf
6 mittelgroße Radieschen (60 g)
evtl. Salz
4 dünne Scheiben Kasseler-
Aufschnitt (etwa 40 g)
evtl. etwas Gartenkresse

Außerdem:
Holzstäbchen
Zubereitungszeit: 5 Minuten

1. Die Toastbrot-Scheiben im Toaster goldbraun rösten und etwas abkühlen lassen.

2. In der Zwischenzeit Frischkäse mit Pfeffer und Senf verrühren. Radieschen putzen, abspülen, trocken tupfen und in feine Stifte schneiden oder raspeln. Radieschenstifte oder -raspel unter den Frischkäse mischen. Den Radieschen-Frischkäse evtl. mit etwas Salz abschmecken.

3. Die Vollkorn-Toastbrot-Scheiben diagonal halbieren. Die Kassler-Scheiben mit dem Radieschen-Frischkäse bestreichen, aufrollen und mit Holzstäbchen feststecken.

4. Die Kasselerröllchen auf den Toastbrot-Ecken anrichten. Nach Belieben mit etwas abgespülter, trocken getupfter Kresse bestreuen.

TIPPS: *Schneller geht es, wenn Sie die Toastbrot–Scheiben mit dem Frischkäse bestreichen, mit dem Aufschnitt belegen und die geputzten Radieschen dazu essen.*
Achten Sie beim Einkauf auf die genaue Bezeichnung der Fettgehaltstufe des Frischkäses. Wirklich fettarm ist der Frischkäse mit 0,2 g Fett/100 g absolut (Nährwertangaben auf der Packung beachten). Er hat dann nur etwa 64 Kilokalorien pro 100 g.

Vollkornschnittchen
mit feurigem Preiselbeeraufstrich

1 EL Joghurt-Salatcreme (20 g)
1 EL Joghurt (3,5 %, 20 g)
½ TL Tomatenketchup (5 g)
1 Prise getrocknete Chiliflocken
1 EL abgetropfte Wild-Preisel-
beeren (aus dem Glas, 20 g)
4 Scheiben Puten-Lachs-
schinken (etwa 20 g)
evtl. etwas Salz
evtl. gem. Pfeffer
¼ Kästchen Kresse
1 Scheibe Vollkornbrot
(etwa 45 g)
Zubereitungszeit: 10 Minuten

1. Für den Aufstrich die Salatcreme mit Joghurt, Ketchup und Chili in einer kleinen Schüssel gut verrühren. Die Preiselbeeren unterrühren.

2. Den Puten-Lachsschinken zunächst in feine Streifen, dann in sehr kleine Würfel schneiden. Lachsschinkenwürfel unter den Preiselbeeraufstrich rühren. Den Aufstrich nach Belieben mit Salz und Pfeffer abschmecken.

3. Die Kresse abspülen, trocken tupfen, abschneiden und gut zwei Drittel der Kresse unter den Aufstrich rühren.

4. Die Brotscheibe mit dem Preiselbeeraufstrich bestreichen und mit der restlichen Kresse garnieren.

249

E: 10,4 g, F: 8,1 g, Kh: 32,8 g,
kJ: 1043, BE: 2,5

TIPP: *Statt Vollkornbrot können Sie auch einen Weizen-Tortillafladen (Wrap) mit dem Preiselbeeraufstrich bestreichen (dann E: 10,6 g, F: 8,3 g, Kh: 37,1 g, kJ: 1142, kcal: 273, BE: 3,0).*

Rettich-Schnittchen *mit Geflügelwurst*

1 runder weißer Rettich
(etwa 150 g)
1 TL geröstete Sesamsamen
30 g Frischkäse (0,2 % Fett)
Salz
gem. Pfeffer
30 g fettreduzierte Geflügelwurst
2 kleine Scheiben Vollkornbrot
(etwa 65 g)
1 TL Schnittlauchröllchen
(frisch oder TK)

Zubereitungszeit: 10 Minuten

1. Rettich putzen, schälen, abspülen und gut abtropfen lassen. Rettich auf einer Küchenreibe grob raspeln, mit Sesam und Frischkäse verrühren. Den Rettich-Frischkäse mit Salz und Pfeffer abschmecken.

2. Die Geflügelwurst in feine Streifen schneiden. Den Rettich-Frischkäse auf den Vollkornbrotscheiben anrichten. Die Geflügelwurststreifen darauf verteilen und mit den Schnittlauchröllchen bestreuen.

251 kcal

*E: 14,2 g, F: 8,0 g, Kh: 29,9 g,
kJ: 1048, BE: 2,5*

TIPPS: *Rühren Sie zusätzlich 1 Teelöffel Meerrettich oder etwas Wasabi–Pulver (erhältlich im Asia–Laden oder in der Asia–Abteilung gut sortierter Supermärkte) unter den Rettich–Frischkäse. Da die Rettichraspel schnell Wasser verlieren, bereiten Sie den Rettich–Frischkäse erst am Morgen zu. In einer geeigneten Transportdose können Sie ihn mit ins Büro nehmen. Die Geflügelwurst und den Schnittlauch vorbereitet in separaten Transportbehältnissen mitnehmen und die Brotscheiben im Büro belegen.*

302 kcal

E: 16,7 g, F: 2,5 g, Kh: 56,5 g,
kJ: 1269, BE: 4,5

Bagel *mit Frischkäse und Paprika*

je ½ kleine rote und gelbe
Paprikaschote (etwa 100 g)
2–3 Stängel glatte Petersilie
1 Vollkorn-Bagel
(Fertigprodukt, etwa 100 g)
50 g Frischkäse (0,2 % Fett)
evtl. Salz
evtl. gem. Pfeffer
Zubereitungszeit: 10 Minuten

1. Paprikaschotenhälften entstielen, entkernen und die weißen Scheidewände entfernen. Schotenhälften abspülen, abtropfen lassen und in feine Streifen schneiden. Petersilie abspülen, trocken tupfen und die Blättchen von den Stängeln zupfen. Petersilienblättchen in feine Streifen schneiden.

2. Bagel auf dem Brötchenaufsatz des Toasters aufbacken. Anschließend den Bagel waagerecht aufschneiden. Die Schnittflächen mit dem Frischkäse bestreichen. Die untere Hälfte des Bagels mit den Paprika- und Petersilienstreifen belegen, nach Belieben mit Salz und Pfeffer bestreuen. Die obere Bagelhälfte darauflegen. Den Bagel gut verpacken und bis zum Verzehr möglichst kühl aufbewahren.

Power-Sandwich
(Titelrezept)

293
E: 23,4 g, F: 9,7 g, Kh: 27,2 g,
kJ: 1223, BE: 2,0

2 Scheiben Vollkorn-Toastbrot (40 g)
2 Blatt grüner Salat (etwa 20 g)
1 Tomate (40 g)
2 Radieschen (20 g)
½ gelbe Paprika (100 g)
50 g Salatgurke
30 g Frischekäsezubereitung
Peperoni-Paprika
(ersatzweise Kräuterfrischkäse)
grob gem. Pfeffer
1 EL vorbereitete, gehackte Kräuter
(z. B. Basilikum, Petersilie oder
Schnittlauch)
50 g hauchdünne Scheiben
Putenburst
Zubereitungszeit: 10 Minuten

1. Die Toastscheiben im Toaster rösten. Salat, Tomate, Radieschen, Paprika und Gurke abwaschen und abtrocknen. Tomate und Radieschen in Scheiben schneiden. Paprika entstielen, die weisen Scheidewände entfernen und mit der Gurke in kleine Würfel schneiden.

2. Brotscheiben jeweils mit Frischkäse bestreichen, mit Pfeffer und gehackten Kräutern bestreuen. Salatblätter, Tomaten- und Radieschenscheiben sowie Paprikastreifen darauf verteilen. Putenbrust locker darauflegen und mit Gurkenwürfeln bestreuen.

3. Brotscheiben vorsichtig zusammenklappen und diagonal halbieren, sodass Dreiecke entstehen.

Salate, Suppen & Eintöpfe

366 kcal

E: 23,3 g, F: 7,9 g, Kh: 47,1 g,
kJ: 1527, BE: 3,5

Zucchini-Kichererbsen-Salat *mit Minz–Joghurt*

175 g abgetropfte Kichererbsen
(aus der Dose)
4 Radieschen
2 kleine Zucchini (etwa 200 g)
125 g Blattsalat, z. B. Eichblatt-,
Frisée-, Kopfsalat

Für den Minz–Joghurt:
1 kleiner Stängel Minze
150 g Joghurt (1,5 % Fett)
1 TL Zitronensaft
¼ gestr. TL Harissa (arabische
Gewürzpaste)
Salz
gem. Pfeffer
Zucker

Zubereitungszeit: 15 Minuten

1. Die Kichererbsen kurz mit kaltem Wasser abspülen und gut abtropfen lassen.

2. Die Radieschen putzen, abspülen, abtropfen lassen und in dünne Scheiben schneiden.

3. Zucchini abspülen, abtrocknen und auf einer Haushaltsreibe grob raspeln.

4. Blattsalat putzen, abspülen und abtropfen lassen oder trocken schleudern und in mundgerechte Stücke zupfen.

5. Blattsalat mit Kichererbsen, Radieschenscheiben und Zucchiniraspeln in eine Salatschüssel geben und vermischen.

6. Für den Minz-Joghurt Minze abspülen und trocken tupfen. Die Blättchen von dem Stängel zupfen. Blättchen in Streifen schneiden.

7. Den Joghurt mit ½ Teelöffel Minzestreifen, Zitronensaft und Harissa verrühren. Den Dip mit Salz, Pfeffer und etwas Zucker abschmecken.

8. Die Salatzutaten mit dem Minz-Joghurt-Dip vermischen oder separat dazureichen.

Beilage: Ein kleines Stück Fladenbrot *(25 g – zusätzlich E: 2,1 g, F: 0,3 g, Kh: 12,2 g, kJ: 254, kcal: 61, BE: 1,0)* dazureichen.

TIPPS: *Harissa ist eine Gewürzpaste aus roten Chilischoten. Sie schmeckt feurig–scharf. Setzen Sie sie deshalb vorsichtig ein. Lassen Sie den Blattsalat unbedingt sehr gut abtropfen oder schleudern sie ihn sehr gut trocken, damit die anderen Gemüsezutaten nicht verwässern.*

ERNÄHRUNGSTIPP: *Kichererbsen liefern reichlich hochwertiges pflanzliches Eiweiß und sättigende Kohlenhydrate. Eiweiß ist wichtig für unseren Zellenaufbau, Kohlenhydrate geben Power für den Tag.*

299 kcal
E: 13,0 g, F: 9,0 g, Kh: 39,4 g,
kJ: 1254, BE: 3,0

Kartoffel-Spargel-Salat

150 g kleine neue Kartoffeln
(z. B. Drillinge)
Salzwasser
200 g grüner Spargel
1 mittelgroße Möhre (etwa 60 g)
Salzwasser
1 TL Sesamsamen
1 Frühlingszwiebel

Für das Dressing:
125 g Joghurt (1,5 % Fett)
1 TL Sojasauce
1 TL Sesamöl (4 g)
Salz
gem. Pfeffer

evtl. ½ Beet Shiso-Kresse
(ersatzweise 2 EL Gartenkresse)
Zubereitungszeit: 20 Minuten

1. Die Kartoffeln unter fließendem Wasser abbürsten, knapp mit Salzwasser bedeckt, zugedeckt zum Kochen bringen und in etwa 10 Minuten gar kochen.

2. In der Zwischenzeit von dem Spargel das untere Drittel schälen und die unteren Enden abschneiden. Spargel abspülen, abtropfen lassen und schräg in etwa 4 cm lange Stücke schneiden. Möhre putzen, schälen, abspülen, abtropfen lassen und in Stifte schneiden.

3. Spargelstücke in kochendem Salzwasser zugedeckt 6–8 Minuten bissfest garen. Möhrenstifte nach 4–6 Minuten Garzeit zum Spargel geben und etwa 2 Minuten mitgaren lassen.

4. Kartoffeln und Spargel mit den Möhrenstiften abgießen und abtropfen lassen. Die Kartoffeln nach Belieben pellen. Kartoffeln, Möhrenstifte und Spargel etwas abkühlen lassen.

5. In der Zwischenzeit Sesam in einer kleinen Pfanne ohne Fett unter Wenden goldbraun rösten und auf einen Teller geben. Frühlingszwiebel putzen, abspülen, abtropfen lassen und schräg in feine Scheiben schneiden.

6. Für das Dressing Joghurt mit Sojasauce und Sesamöl gut verrühren, mit Salz und Pfeffer würzen. Kartoffeln halbieren oder vierteln, mit den Frühlingszwiebelscheiben zum Dressing geben und unterrühren. Spargelstücke und Möhrenstifte vorsichtig unter den Salat heben.

7. Kresse abspülen, abtropfen lassen und vom Beet schneiden. Den Kartoffelsalat anrichten, mit Kresse und Sesam bestreuen.

TIPPS: *Zum Mitnehmen bereiten Sie den Salat und das Dressing separat zu und verpacken beides in verschiedenen Behältern. Den Salat erst kurz vor dem Verzehr anmachen. Außerhalb der Saison den Salat statt mit Spargel mit gedünsteten Kohlrabistreifen oder Brokkoliröschen zubereiten. Für Familienmitglieder, die nicht auf die Kalorien achten, erweitern Sie den Salat pro Portion mit einem hart gekochten, gepellten Ei (zusätzlich E: 6,5 g, F: 5,1 g, Kh: 0,8 g, kJ: 315, kcal: 75, BE: 0,0).*

Hirsesalat

E: 10,4 g, F: 8,8 g, Kh: 45,6 g,
kJ: 1278, BE: 3,5

50 g Hirse
1 kleine Schalotte (etwa 35 g)
½ TL Speiseöl,
z. B. Sonnenblumenöl (2 g)
etwa 150 ml Gemüsebrühe
50 g Zuckerschoten
Salzwasser
etwa 150 g Chinakohl
etwa 50 g Kohlrabi
1 TL Obstessig
etwa 1 ½ TL Zitronensaft
etwas Currypulver
etwa gem. Ingwer
1 TL Weizenkeimöl (4 g)
Salz
gem. schwarzer Pfeffer

Zubereitungszeit: 30 Minuten,
ohne Abkühl- und Durchziehzeit

1. Hirse in ein feines Sieb geben, mit heißem Wasser abspülen und gut abtropfen lassen. Die Schalotte abziehen und fein würfeln. Speiseöl in einem Topf erhitzen. Die Schalottenwürfel darin andünsten. Die Hirse mit etwa 110 ml Gemüsebrühe hinzugeben und nach Packungsanleitung garen. Die gegarte Hirse in eine Schüssel geben und zum Abkühlen beiseitestellen.

2. Von den Zuckerschoten die Enden abschneiden, die Schoten evtl. abfädeln. Zuckerschoten abspülen, abtropfen lassen und in kochendem Salzwasser in etwa 2 Minuten bissfest garen. Zuckerschoten abgießen, mit kaltem Wasser abschrecken, abtropfen lassen und nach Belieben schräg in Stücke schneiden.

3. Chinakohl putzen, abspülen, abtropfen lassen und in feine Streifen schneiden. Kohlrabi schälen, abspülen und abtropfen lassen. Kohlrabi auf der Haushaltsreibe grob raspeln.

4. Die beiseitegestellte Hirse mit 2 Gabeln etwas auflockern. Zuckerschoten, Chinakohlstreifen und Kohlrabiraspel unterheben.

5. Restliche Gemüsebrühe mit Obstessig, 1 Teelöffel Zitronensaft, Currypulver und gemahlenem Ingwer verrühren. Das Weizenkeimöl unterschlagen. Das Dressing mit Salz und Pfeffer würzen.

6. Das Dressing zu den Salatzutaten geben und alles gut vermischen. Den Salat kurz durchziehen lassen.

7. Vor dem Servieren den Salat nochmals mit restlichem Zitronensaft, Curry und Ingwer frisch-säuerlich abschmecken und in einem Salatschälchen anrichten.

Beilage: Zusätzlich noch 1 hart gekochtes Ei (Größe M) in Achtel schneiden und mit unter den Salat mischen *(zusätzlich E: 6,5 g, F: 5,1 g, Kh: 0,8 g, kJ: 315, kcal: 75, BE: 0,0).*

TIPPS: *Statt frischer Zuckerschoten können Sie auch TK-Zuckerschoten oder TK-Erbsen verwenden. Diese in kochendem Salzwasser nach Packungsanleitung garen, abgießen, mit kaltem Wasser abspülen und gut abtropfen lassen.*

416 kcal
E: 18,6 g, F: 12,5 g, Kh: 56,6 g,
kJ: 1748, BE: 4,5

Hähnchensalat »California-Style«

(Vorwortrezept)

1 l Wasser
½ gestr. TL Salz
50 g Nudeln (z. B. Farfalle oder Tagliatelle)
1 kleine Knoblauchzehe
2 EL Apfelessig
½ TL milder Dijon-Senf
½ TL flüssiger Honig (5 g)
Salz
gem. Pfeffer
1 EL Olivenöl (10 g)
1 kleine rote Zwiebel
100 g Champignons
30 g Rucola (Rauke)
100 g Mango-Fruchtfleisch (vorbereitet gewogen)
30 g geräucherter Hähnchenbrust-Aufschnitt, in feinen Scheiben

Zubereitungszeit: 20 Minuten

1. Wasser in einem Topf zugedeckt zum Kochen bringen. Dann Salz und Nudeln zugeben. Die Nudeln im geöffneten Topf bei mittlerer Hitze nach Packungsanleitung bissfest kochen, dabei gelegentlich umrühren.

2. In der Zwischenzeit Knoblauch abziehen, klein würfeln und mit etwas Salz auf einem Schneidbrett fein zerreiben. Knoblauch mit Essig, Senf, Honig, Salz und Pfeffer verrühren. Das Olivenöl unterschlagen.

3. Die garen Nudeln in ein Sieb geben, mit kaltem Wasser abspülen, abtropfen und abkühlen lassen.

4. Inzwischen Zwiebel abziehen, zuerst in feine Scheiben schneiden, dann in Ringe teilen. Champignons putzen, evt. kurz abspülen, trocken tupfen und in feine Scheiben schneiden. Die Nudeln, Zwiebelringe und Pilzscheiben mit dem Dressing vermischen.

5. Rucola putzen und dicke Stängel entfernen. Rucola abspülen, gut abtropfen lassen oder trocken schleudern und evtl. etwas kleiner zupfen. Mango-Fruchtfleisch in feine Spalten schneiden. Rucola und Mangospalten vorsichtig unter die marinierten Nudeln heben, mit Salz und Pfeffer abschmecken. Den Salat mit dem Hähnchenbrust-Aufschnitt anrichten.

TIPPS: *Statt Rucola können Sie natürlich auch einen knackigen Salat für dieses Gericht verwenden. Eisberg-, Römer- oder Endiviensalat eignen sich besonders gut.*

375

E: 29,3 g, F: 13,0 g, Kh: 30,8 g,
kJ: 1577, BE: 2,5

Fenchel-Coleslaw *mit Tatar-Frikadellen*

Für den Coleslaw:
1 kleine Fenchelknolle
(etwa 175 g)
1 Stück junger Weißkohl (etwa
200 g)
Salz
gem. Pfeffer
2 EL Apfelessig

Für die Tatar-Frikadellen:
75 g Rindertatar
1½ EL zarte Haferflocken (12 g)
½ TL milder Senf
30 g Magerquark
Salz
gem. Pfeffer
1 EL gehackte Petersilie
(frisch oder TK)

½ rosa Grapefruit (etwa 125 g)
1 TL Speiseöl (4 g)
1 EL Crème légère (25 g)
evtl. 1 Prise Chilipulver

Zubereitungszeit:
20 Minuten, ohne Durchziehzeit

1. Für den Coleslaw Fenchelknolle abspülen, abtropfen lassen und halbieren. Weißkohl putzen und den Strunk herausschneiden. Fenchel und Weißkohl auf einer Küchenreibe fein hobeln und in eine große Schüssel geben. Einen halben Teelöffel Salz sowie Pfeffer und Essig hinzugeben und gut durchkneten. Den Salat zugedeckt durchziehen lassen.

2. Für die Frikadellen in der Zwischenzeit Rindertatar in eine Schüssel geben. Haferflocken, Senf, Quark, Salz, Pfeffer und Petersilie hinzugeben. Die Zutaten zu einem glatten Fleischteig verkneten. Aus dem Fleischteig mit leicht angefeuchteten Händen 2 gleich große Frikadellen formen.

3. Die Grapefruit so schälen, dass die weiße Haut vollständig entfernt wird. Die Filets zwischen den Trennhäuten herausschneiden. Trennhäute ausdrücken und den Saft auffangen. Grapefruitfilets und -saft unter den Salat mischen, nochmals mit den Gewürzen abschmecken.

4. Speiseöl in einer kleinen beschichteten Pfanne erhitzen. Die Frikadellen darin von beiden Seiten 3–4 Minuten braun braten.

5. Crème légère unter den Fenchel-Coleslaw mischen. Den Salat mit Salz und nach Belieben mit Chili abschmecken und zu den Frikadellen servieren.

TIPPS: *Dieses Gericht ist perfekt zum Vorbereiten und Mitnehmen geeignet. Die Frikadellen können kalt gegessen werden und auch der Salat übersteht eine längere, ungekühlte Transportzeit unbeschadet.*
Statt Grapefruit können auch einfach Orangenfilets von 1 Orange (etwa 145 g) unter den Salat gemischt werden (dann E: 30,0 g, F: 13,1 g, Kh: 33,5 g, kJ: 1611, kcal: 383, BE: 3,0).

291 kcal

E: 20,4 g, F: 11,7 g, Kh: 25,2 g,
kJ: 1223, BE: 1,5

Chicorée-Tomaten-Salat
mit Ajvar–Omelett–Röllchen

Für das Omelett:
1 Ei (Größe M)
10 g Hafer-Schmelzflocken
3 EL kaltes Wasser
1 TL Sojasauce
gem. Pfeffer
1 TL gehackte Petersilie
(frisch oder TK)

Für den Salat:
1 kleine Knoblauchzehe
Salz
½ TL milder Dijon-Senf
½ TL flüssiger Honig (5 g)
60 g Joghurt (3,5 % Fett)
gem. Pfeffer
1 Chicorée (etwa 175 g)
½ kleiner Radicchio (etwa 120 g)
5 Cocktailtomaten (etwa 90 g)
½ TL Sonnenblumenöl (2 g)
50 g Frischkäse (0,2 % Fett)
15 g Ajvar, mild
(rote Paprikapaste aus dem Glas)

Zubereitungszeit: 15 Minuten,
ohne Abkühlzeit

1. Für das Omelett Ei, Schmelzflocken, Wasser, Sojasauce, Pfeffer und Petersilie in einer Schüssel gründlich verschlagen. Den Teig etwa 3 Minuten quellen lassen.

2. In der Zwischenzeit für den Salat Knoblauch abziehen, fein würfeln und mit 1 Messerspitze Salz fein zerreiben. Knoblauch-Salz-Mischung mit Senf, Honig, Joghurt und Pfeffer glatt rühren. Vom Chicorée und Radicchio evtl. die trockenen, welken Blätter ablösen. Die Salate halbieren und die dicken Blattrippen herausschneiden. Salate in Streifen schneiden, abspülen und gut abtropfen lassen. Tomaten abspülen, abtrocknen und evtl. die Stängelansätze herausschneiden.

3. Sonnenblumenöl in einer beschichteten Pfanne (Ø 24 cm) erhitzen. Die Eimasse gleichmäßig auf dem Boden der Pfanne verteilen. Das Omelett von beiden Seiten hellbraun backen. Anschließend das Omelett auf einen Teller gleiten lassen und etwas abkühlen lassen.

4. Das Omelett mit Frischkäse bestreichen, mit etwas Salz und Pfeffer würzen. Ajvar gleichmäßig darauf verteilen. Das Omelett aufrollen und schräg in breite Scheiben schneiden. Die vorbereiteten Salatzutaten mit dem Dressing vermischen und mit den Omelett-Röllchen auf einem Teller anrichten.

TIPPS: *Statt Sojasauce können Sie natürlich auch Salz verwenden. Zum Mitnehmen Salat, Dressing und Omelett–Röllchen separat verpacken. Die Omelett–Röllchen mit Holzspießen feststecken.*

E: 9,3 g, F: 11,6 g, Kh: 50,4 g,
kJ: 1461, BE: 3,5

Brotsalat »Italia«

75 g Kasten-Weißbrot
(in Scheiben geschnitten,
ohne Rinde)
2–3 Frühlingszwiebeln
(etwa 80 g)
½ grüne Paprikaschote
(etwa 100 g)
1 TL Rotweinessig
1–2 TL Balsamico-Essig
200 g Tomaten
½ kleine Knoblauchzehe
1 TL abgetropfte Kapern
(aus dem Glas, 5 g)
1 EL Olivenöl (10 g)
Salz
gem. schwarzer Pfeffer
1 TL TK-Petersilie

Zubereitungszeit: 20 Minuten

1. Die Weißbrotscheiben in etwa 2 cm große Würfel schneiden. Die Brotwürfel in einer Pfanne ohne Fett bei mittlerer Hitze unter gelegentlichem Wenden in 2–3 Minuten hellbraun rösten.

2. In der Zwischenzeit die Frühlingszwiebeln putzen, abspülen, abtropfen lassen und in sehr feine Scheiben schneiden. Paprika entstielen, entkernen und die weißen Scheidewände entfernen. Schotenhälfte abspülen, abtropfen lassen und in kleine Würfel schneiden.

3. Die Brotwürfel in einer Schüssel mit den beiden Essigsorten beträufeln und etwa 5 Minuten durchziehen lassen.

4. In der Zwischenzeit die Tomaten abspülen, abtrocknen, halbieren und die Stängelansätze herausschneiden. Die Tomaten vierteln oder achteln und entkernen. Das Fruchtfleisch in Stücke schneiden. Knoblauch abziehen und durch eine Knoblauchpresse drücken oder sehr fein hacken.

5. Frühlingszwiebelscheiben, Paprikawürfel, Knoblauch, Kapern und Olivenöl zu den eingeweichten Brotwürfeln geben. Die Zutaten gut vermischen, mit Salz und Pfeffer würzen.

6. Die Tomatenstücke und die Petersilie zuletzt unter den Salat mischen, nochmals mit Salz und Pfeffer abschmecken. Den Brotsalat möglichst frisch servieren.

TIPPS: *Wenn genügend Zeit ist, die Kapern hacken. Ihr herb-würziger Geschmack verteilt sich dann besser im Salat. Angebrochene Gläser im Kühlschrank aufbewahren, dabei die Kapern stets mit Flüssigkeit bedeckt halten. Die Kapernflüssigkeit eignet sich zum Würzen. Wer es süßlicher mag, nimmt Fleischtomaten: Sie enthalten weniger Fruchtsäure.*

VARIANTE: *Für einen Brotsalat mit Rucola (Rauke) anstelle der Petersilie etwas Rucola unter den Salat heben. 25 g Rucola verlesen und die dicken Stiele abschneiden. Rucola abspülen, gut abtropfen lassen oder trocken schleudern und evtl. etwas kleiner zupfen. Rucola mit den Tomatenstücken unter den Salat geben.*

Kirsch-Mango-Couscous-Salat

40 g Instant-Couscous
Wasser
Salz
100 g Mango-Fruchtfleisch
(von ¼ Mango)
1 TL Butter (10 g)
1 TL brauner Zucker (5 g)
etwas gem. Zimt
100 g abgetropfte Sauerkirschen
(aus dem Glas)
50 g Vanilla-Quarkcreme (0,2 %
Fett, aus dem Kühlregal)

*Zubereitung: 15 Minuten,
ohne Abkühlzeit*

1. Couscous mit Wasser und Salz nach Packungsanleitung zubereiten und ausquellen lassen.

2. In der Zwischenzeit Mango-Fruchtfleisch in kleine Stücke schneiden.

3. Den gequollenen Couscous mit einer Gabel auflockern und etwas abkühlen lassen.

4. Butter in einer beschichteten Pfanne zerlassen. Couscous hinzugeben, unter Rühren anbraten und mit dem Zucker bestreuen. Die Zutaten unter Rühren kurz kross anrösten, 1 Prise Zimt unterrühren und auf einen Teller geben.

5. Zunächst die Kirschen in ein verschließbares Glas geben. Anschließend die vorbereiteten Mangostücke daraufgeben. Die Quarkcreme gut durchrühren und ebenfalls in das Glas geben. Den Salat mit dem Couscous bestreuen und bis zum Verzehr gut verschlossen in den Kühlschrank stellen.

TIPPS: *Couscous ist eine Getreide-Spezialität aus der nordafrikanischen Küche. Der vorgegarte, zu feinem Grieß zerriebene Hartweizen kann herzhaft, aber auch süß zubereitet werden. Sie finden Instant-Couscous (muss nur noch kurz quellen) in Naturkostläden, Reformhäusern und gut sortierten Supermärkten.*
Statt der fertigen Vanilla-Quarkcreme können Sie auch mit Vanillemark und zum Beispiel Agavendicksaft (etwa 5 g) abgeschmeckten Magerquark verwenden (dann E: 12,3 g, F: 9,5 g, Kh: 71,4 g, kJ: 1793, kcal: 429, BE: 6,0).

291 kcal

E: 11,2 g, F: 6,4 g, Kh: 45,6 g,
kJ: 1218, BE: 3,5

Tomaten-Safran-Consommé
mit Kräuter–Bruschetta

400 ml Gemüsebrühe oder
Gemüsefond (aus dem Glas)
1 Msp. gem. Safran
1 kleines Lorbeerblatt
180 g festkochende Kartoffeln
Salz
gem. Pfeffer
1 Scheibe Bauernbrot (etwa 35 g)
2 Frühlingszwiebeln
2 Tomaten (etwa 70 g)
45 g cremiger Kräuter-Ziegen-
frischkäse (45 % Fett i. Tr.)
1 TL Schnittlauchröllchen
(frisch oder TK)
Zubereitungszeit: 20 Minuten

1. Brühe oder Fond, Safran und Lorbeerblatt in einen kleinen Topf geben und zugedeckt zum Kochen bringen.

2. In der Zwischenzeit Kartoffeln schälen, abspülen, abtropfen lassen und in kleine Würfel schneiden. Kartoffelwürfel in den Topf geben, mit etwas Salz und Pfeffer würzen. Die Zutaten wieder zum Kochen bringen und etwa 8 Minuten kochen lassen. In der Zwischenzeit die Brotscheibe im Toaster knusprig rösten und anschließend erkalten lassen.

3. Frühlingszwiebeln putzen, abspülen, abtropfen lassen und schräg in Scheiben schneiden. Frühlingszwiebelscheiben ebenfalls in den Topf geben. Die Zutaten weitere etwa 2 Minuten kochen lassen.

4. Inzwischen Tomaten abspülen, abtrocknen, halbieren, entstielen und entkernen. Tomaten in schmale Spalten schneiden und in die Consommé geben, mit Salz und Pfeffer abschmecken.

5. Die geröstete Brotscheibe mit Frischkäse bestreichen, mit den vorbereiteten Schnittlauchröllchen bestreuen und in Stücke schneiden. Tomaten-Safran-Consommé mit Kräuter-Bruschetta servieren.

Misosuppe *mit Zuckerschoten*

2 Frühlingszwiebeln
50 g Zuckerschoten
300 ml Hühnerbrühe
1 TL Miso (etwa 10 g –
chinesische Würzpaste,
erhältlich im Asia-Laden)
20 g Wok-Nudeln
(Instant-Nudeln)
50 g abgetropfte Bambus-
schösslinge in Streifen
(aus dem Glas)
1 TL Sesamöl (4 g)
1 TL Sojasauce
½–1 TL Weißweinessig
evtl. Salz
gem. Pfeffer

Zubereitungszeit: 20 Minuten
Garzeit: etwa 5 Minuten

1. Frühlingszwiebeln putzen, abspülen, abtropfen lassen und in feine Scheiben schneiden. Von den Zuckerschoten die Enden abschneiden, die Schoten evtl. abfädeln. Schoten abspülen, abtropfen lassen und schräg in Stücke schneiden.

2. Die Hühnerbrühe mit Miso in einem Topf unter gelegentlichem Rühren bei starker Hitze zum Kochen bringen. Die Nudeln hinzufügen und alles zugedeckt etwa 3 Minuten bei mittlerer Hitze kochen lassen.

3. Bambusschösslinge, Frühlingszwiebelscheiben und Zuckerschotenstücke hinzufügen. Alles erneut zum Kochen bringen und zugedeckt bei schwacher bis mittlerer Hitze weitere etwa 2 Minuten garen, bis das Gemüse und die Nudeln bissfest sind. Den Topf von der Kochstelle nehmen.

4. Die Suppe mit Sesamöl, Sojasauce, Essig, evtl. Salz und Pfeffer pikant abschmecken. Die Suppe in Schälchen servieren.

Beilage: Sehr lecker schmeckt Rührei in der Suppe (Foto oben). Dafür 1 kleines Ei (Größe S) und 1 Teelöffel Milch (1,5 % Fett) mit einer Gabel verschlagen. Dann 1 Teelöffel (4 g) Speiseöl in einer kleinen Pfanne erhitzen. Die Eiermilch hineingeben und zum Rührei braten. Das Rührei mit 2 Gabeln zerpflücken und in die heiße Suppe geben *(zusätzlich E: 6,1 g, F: 9,7 g, Kh: 1,0 g, kJ: 481, kcal: 115, BE: 0,0).*

E: 8,4 g, F: 5,8 g, Kh: 28,2 g,
kJ: 840, BE: 2,0

Polenta-Gemüsesuppe *mit Kasselerstreifen*

1 kleine Knoblauchzehe
1 Zwiebel
1 Möhre (etwa 70 g)
½ Kohlrabi (etwa 250 g)
1 TL Olivenöl (4 g)
300 ml Gemüsebrühe
Salz
gem. Pfeffer
1 Lorbeerblatt
15 g Instant-Polenta (Maisgrieß)
50 g Frischkäse (0,2 % Fett)
2 Scheiben magerer Kasseler-
Aufschnitt (etwa 25 g)
1 EL gehackte Petersilie
(frisch oder TK)

Zubereitungszeit: 20 Minuten

1. Knoblauch und Zwiebel abziehen. Beides in feine Würfel schneiden. Möhre putzen, schälen, abspülen, abtropfen lassen und fein würfeln. Kohlrabihälfte ebenfalls schälen und das zarte Grün beiseitelegen. Kohlrabi abspülen, abtropfen lassen und in feine Würfel schneiden.

2. Olivenöl in einem Topf erhitzen. Knoblauch- und Zwiebelwürfel darin andünsten. Möhren- und Kohlrabiwürfel hinzugeben und unter Rühren kurz mit anbraten. Die Brühe hinzugießen, mit etwas Salz, Pfeffer und dem Lorbeerblatt würzen, zum Kochen bringen. Das Gemüse zugedeckt bei schwacher Hitze etwa 10 Minuten kochen lassen.

3. Polenta unter Rühren in die Suppe streuen, auf der ausgeschalteten Kochstelle weitere etwa 3 Minuten ziehen lassen. Den Frischkäse unterrühren. Die Gemüsesuppe nochmals abschmecken.

4. Beiseitegelegtes Kohlrabigrün abspülen, trocken tupfen und klein schneiden. Das Lorbeerblatt aus der Suppe entfernen. Kasselerscheiben in feine Streifen schneiden.

5. Die Gemüsesuppe mit Kasselerstreifen, Petersilie und Kohlrabigrün anrichten.

Beilage: Servieren Sie die Suppe mit etwa 60 g knusprigem Baguette *(zusätzlich E: 4,6 g, F: 0,8 g, Kh: 31,7 g, kJ: 649, kcal: 155, BE: 2,5).*

E: 17,5 g, F: 5,8 g, Kh: 27,8 g,
kJ: 991, BE: 2,0

Meerrettich-Pastinaken-Suppe
mit Schinken–Chips

1 TL Sonnenblumenöl (4 g)

2 Scheiben magerer geräucherter Schinken (etwa 25 g, z. B. Schwarzwälder-Schinken)

1 Zwiebel (etwa 50 g)

200 g Pastinaken

100 g mehligkochende Kartoffeln

3 Stängel frischer Thymian (ersatzweise ½ TL gerebelter Thymian)

Salz

gem. Pfeffer

300 ml Gemüsebrühe

50 g Sahne zum Kochen (7 % Fett)

1 kleines Stückchen frischer Meerrettich (ersatzweise etwa 1½ EL Meerrettich aus dem Glas)

Zubereitungszeit: 20 Minuten

1. Sonnenblumenöl in einem kleinen Suppentopf erhitzen. Die Schinkenscheiben hineinlegen und bei mittlerer Hitze von beiden Seiten kross braten, herausnehmen, auf Küchenpapier abtropfen und erkalten lassen.

2. In der Zwischenzeit Zwiebel abziehen und in feine Würfel schneiden. Pastinaken putzen, schälen, abspülen und abtropfen lassen. Kartoffeln schälen, abspülen, abtropfen lassen. Pastinaken und Kartoffeln in etwa gleich große Stücke (etwa 2 cm) schneiden. Thymian abspülen und trocken tupfen.

3. Die Zwiebelwürfel in dem Topf im verbliebenen Bratfett braun anbraten. Dann Pastinaken- und Kartoffelstücke hinzugeben. Die Zutaten mit etwas Salz, Pfeffer und 2 Stängeln Thymian würzen. Brühe hinzugießen und alles zugedeckt zum Kochen bringen. Die Suppe zugedeckt bei schwacher Hitze 10–12 Minuten kochen lassen.

4. Thymianstängel aus der Suppe entfernen. Die Zutaten in der Brühe vorsichtig mit einem Pürierstab fein pürieren. Sahne hinzugießen und nochmals kurz unter Rühren aufkochen lassen. Die Suppe mit Salz und Pfeffer abschmecken.

5. Von dem restlichen Thymian die Blättchen abzupfen. Meerrettich schälen und grob raspeln. Die Schinkenscheiben grob zerbröseln. Die Suppe mit Thymianblättchen, Schinken und Meerrettich anrichten.

TIPPS: *Der kross gebratene, würzige Schinken passt ausgezeichnet zu der cremigen Suppe. Wenn die Zeit aber besonders knapp ist, können Sie sich den Arbeitsgang des Röstens auch ersparen und den Schinken einfach in Streifen geschnitten auf der Suppe anrichten.*
Außerhalb der Saison für Wurzelgemüse schmeckt die Suppe auch mit der gleichen Menge Brokkoli zubereitet sehr lecker (dann E: 14,9 g, F: 10,4 g, Kh: 22,8 g, kJ: 1040, kcal: 248, BE: 1,5).
Für etwas „Biss" die Suppenzutaten nicht zu fein pürieren.

Dicke-Bohnen-Suppe

E: 12,2 g, F: 9,5 g, Kh: 17,7 g,
kJ: 872, BE: 1,5

1 Schalotte (etwa 50 g)
¼ Bund Schnittlauch
etwa 150 g abgetropfte dicke
Bohnen (aus dem Glas)
1 TL Butter oder Margarine (10 g)
etwa 350 ml Gemüsebrühe
Salz
gem. Pfeffer
½–1 TL Zitronensaft

evtl. einige Schnittlauchhalme

Zubereitungszeit: 20 Minuten
Garzeit:etwa 10 Minuten

1. Schalotte abziehen und in kleine Würfel schneiden. Schnittlauch abspülen, trocken tupfen und in feine Röllchen schneiden. Die Bohnen mit kaltem Wasser abspülen und gut abtropfen lassen.

2. Butter oder Margarine in einem Topf zerlassen. Die Schalottenwürfel darin andünsten. Zwei Drittel der Schnittlauchröllchen und die Bohnen hinzugeben, etwa 2 Minuten unter Rühren mitdünsten lassen.

3. Die Brühe hinzugießen und zum Kochen bringen. Die Bohnensuppe zugedeckt 6–8 Minuten bei schwacher Hitze leicht kochen lassen.

4. Einen Esslöffel der Bohnen mit einer Schaumkelle herausnehmen und beiseitestellen. Die Bohnensuppe mit den restlichen Bohnen mit einem Pürierstab fein pürieren.

5. Beiseitegelegte Bohnen wieder in die Suppe geben und darin erwärmen. Die Suppe mit Salz, Pfeffer und Zitronensaft abschmecken und in einen tiefen Tellern oder in eine Suppentasse geben. Die Bohnensuppe mit den restlichen Schnittlauchröllchen bestreut servieren. Nach Belieben mit einigen abgespülten, trocken getupften Schnittlauchhalmen garnieren.

Beilage: Sie können zu der Suppe einen **Brotfladen** aus der Pfanne servieren. Dafür etwa 30 g Weizen-Vollkornmehl mit 25 ml heißem Wasser und 1 Prise Salz mit den Händen zu einem glatten Teig verarbeiten. Den Teig etwa 1 Stunde ruhen lassen. Anschließend den Teig auf einer bemehlten Arbeitsfläche zu einem runden Fladen (Ø etwa 13 cm) ausrollen. Den Brotfladen in einer leicht gefetteten, erhitzten Pfanne von jeder Seite etwa 2 Minuten backen, bis braune Punkte erscheinen *(zusätzlich E: 4,0 g, F: 3,8 g, Kh: 20,8 g, kJ: 564, kcal: 135, BE: 1,5).*

Aprikosen-Tomaten-Gazpacho
mit Laugen–Croûtons

409

E: 11,2 g, F: 14,1 g, Kh: 56,5 g,
kJ: 1709, BE: 3,7

70 g Laugengebäck
(z. B. -konfekt, -stange
oder -brötchen)
200 ml kaltes Wasser
2 TL Olivenöl (8 g)
1 TL Sesamsamen
1 Schalotte
1 Knoblauchzehe
300 g Rispen- oder
Fleischtomaten
120 g frische Aprikosen
1–2 TL Apfelessig
Salz
gem. Pfeffer

Zubereitungszeit: 15 Minuten

1. Das Laugengebäck in 2 gleich große Portionen teilen. Eine Portion in grobe Würfel schneiden. Die Gebäckwürfel mit dem Wasser übergießen, vermischen und kurz ziehen lassen.

2. Das restliche Gebäck inzwischen in Scheiben oder Würfel schneiden. Die Hälfte des Olivenöls in einer beschichteten Pfanne erhitzen. Die Gebäckscheiben oder -würfel darin von allen Seiten goldbraun rösten, herausnehmen und auf einen Teller geben. Sesam in der Pfanne ohne Fett ebenfalls kurz unter Wenden goldbraun rösten und ebenfalls auf einen Teller geben.

3. Schalotte und Knoblauch abziehen, beides fein würfeln. Tomaten kreuzweise einschneiden und mit kochendem Wasser übergießen. Nach 1–2 Minuten herausnehmen und mit kaltem Wasser abschrecken. Tomaten häuten, vierteln, entkernen und die Stängelansätze herausschneiden. Tomaten grob würfeln. Aprikosen abspülen, abtrocknen, halbieren, entsteinen und ebenfalls in grobe Würfel schneiden.

4. Die eingeweichten Gebäckwürfel mit dem Einweichwasser, den Tomaten-, Aprikosen-, Schalotten- und Knoblauchwürfeln in einen Mixer oder hohen Rührbecher geben. Die Zutaten im Mixer oder mit dem Pürierstab fein pürieren. Restliches Olivenöl und Apfelessig untermixen.

5. Die Gazpacho mit Salz und Pfeffer abschmecken, evtl. noch etwas kaltes Wasser unterrühren. Gazpacho mit den gerösteten Gebäckscheiben oder -würfeln und dem Sesam servieren.

TIPPS: *Verwenden Sie nach Möglichkeit Zucker-Aprikosen. Diese kalte, würzige Gemüsesuppe ist leicht verdaulich und erfrischend — somit perfekt für warme Sommertage. Wem der Sinn eher nach etwas Warmem steht, kann die Gazpacho aber auch kurz (z. B. in der Mikrowelle) erhitzen. Mit gebratenen Hähnchenbruststreifen, Olivenscheiben und Eierwürfeln oder einfach noch etwas zusätzlichem Laugengebäck können Sie die Suppe für Ihre Familie zu einem sättigenden Sommer-Snack anreichern. Dafür die Zutaten verdoppeln.*
Wenn die Zeit besonders knapp ist, Schalotte und Knoblauch durch 1–2 Esslöffel TK-Zwiebelwürfel ersetzen.
Für Berufstätige lässt sich die Suppe auch schon am Vorabend zubereiten und dann gut gekühlt in einem verschließbaren Behälter oder einer verschließbaren Glasflasche ins Büro transportieren. Die Gebäckscheiben oder -würfel und den Sesam separat verpacken.

283 *kcal*

E: 8,6 g, F: 8,5 g, Kh: 41,4 g,
kJ: 1184, BE: 3,0

Kürbis-Möhren-Eintopf

1 kleine Stange Porree
(Lauch, etwa 150 g)
2 kleine Möhren (etwa 100 g)
150 g festkochende Kartoffeln
1 kleine Zwiebel (etwa 40 g)
1 TL Sonnenblumenöl (4 g)
Salz
gem. Pfeffer
etwas mildes Currypulver
1 kleines Lorbeerblatt
125 ml Gemüsebrühe
50 g Sahne zum Kochen
(7 % Fett)
300 g Hokkaido-Kürbis
(vorbereitet gewogen etwa 200 g)

Zubereitungszeit: 20 Minuten
Garzeit: etwa 15 Minuten

1. Porree putzen, die Stange längs halbieren, gründlich waschen und abtropfen lassen. Porree schräg in Scheiben schneiden. Möhren putzen, schälen, abspülen, abtropfen lassen und in Scheiben schneiden. Kartoffeln schälen, abspülen, abtropfen lassen und in Würfel schneiden. Zwiebel abziehen und ebenfalls klein würfeln.

2. Sonnenblumenöl in einem Topf erhitzen. Die Zwiebelwürfel darin andünsten. Möhrenscheiben und Kartoffelwürfel hinzugeben, kurz mitdünsten lassen, mit Salz, Pfeffer, Curry und Lorbeerblatt würzen. Alles mit Brühe und Sahne ablöschen, zum Kochen bringen und zugedeckt etwa 3 Minuten bei schwacher Hitze kochen lassen.

3. In der Zwischenzeit Kürbis abspülen, abtrocknen, halbieren, entkernen und mit der Schale in etwa 2 cm große Würfel schneiden. Porreescheiben und Kürbiswürfel zu den Möhrenscheiben und Kartoffelwürfeln in den Topf geben, wieder zum Kochen bringen und zugedeckt weitere 6–8 Minuten bei schwacher Hitze unter gelegentlichem Rühren kochen lassen.

4. Dann den Deckel abnehmen. Den Eintopf noch 1 Minute sämig einkochen lassen. Den Eintopf vor dem Anrichten nochmals mit Salz, Pfeffer und evtl. etwas Currypulver abschmecken.

Beilage: Essen Sie dazu frisches Fladenbrot *(50 g – zusätzlich E: 4,2 g, F: 0,6 g, Kh: 24,4 g, kJ: 508, kcal: 122, BE: 2,0).*

TIPPS: *In der Herbst- und Wintersaison schmeckt dieser würzige, leichte und wärmende Eintopf auch mit Steckrübe zubereitet sehr lecker. Da Steckrübe, je nach Lagerzustand, eine etwas längere Garzeit als Kürbis hat, die Würfel nicht zu groß schneiden und zusammen mit den Kartoffelwürfeln und Möhrenscheiben garen.*

403 kcal

E: 22,3 g, F: 10,4 g, Kh: 52,8 g,
kJ: 1686, BE: 4,0

Kichererbseneintopf *mit Gemüse*

100 g grüne TK-Bohnen
1 kleine Zwiebel (etwa 30 g)
etwas frischer Ingwer oder
1 Prise gem. Ingwer
1 Stück Knollensellerie
(etwa 100 g)
1 große Möhre (etwa 125 g)
1 Zucchini (etwa 150 g)
175 g abgetropfte Kichererbsen
(aus der Dose)
1 TL Speiseöl (4 g)
1 gestr. TL Currypulver
300 ml Gemüsebrühe
Salz
gem. Pfeffer
1 kleine Tomate (etwa 50 g)
1 TL Zitronensaft
½ TL Sojasauce

Zubereitungszeit: 25 Minuten
Garzeit: etwa 13 Minuten

1. Für den Eintopf die Bohnen antauen lassen.

2. In der Zwischenzeit die Zwiebel abziehen und in kleine Würfel schneiden. Frischen Ingwer schälen und sehr fein würfeln.

3. Sellerie putzen, schälen, abspülen, abtropfen lassen und in dünne Streifen schneiden. Die Möhre putzen, schälen, abspülen und abtropfen lassen. Möhre ebenfalls in dünne Streifen schneiden. Zucchini abspülen, abtrocknen und die Enden abschneiden. Zucchini längs halbieren und in dünne Scheiben schneiden.

4. Die Kichererbsen mit kaltem Wasser abspülen und gut abtropfen lassen.

5. Die angetauten Bohnen etwas kleiner schneiden.

6. Das Speiseöl in einem Topf erhitzen. Die Zwiebel-, Ingwerwürfel, Sellerie- und Möhrenstreifen mit dem Curry darin etwa 3 Minuten unter gelegentlichem Rühren andünsten.

7. Bohnenstücke, Zucchinischeiben und Kichererbsen hinzugeben. Brühe hinzugießen, mit Salz und Pfeffer würzen.

8. Die Zutaten zum Kochen bringen. Den Eintopf zugedeckt bei schwacher Hitze etwa 8 Minuten leicht kochen lassen.

9. In der Zwischenzeit die Tomate kreuzweise einschneiden und mit kochendem Wasser übergießen. Nach 1–2 Minuten herausnehmen und mit kaltem Wasser abschrecken. Tomate häuten, halbieren und den Stängelansatz herausschneiden. Die Tomate achteln, in den Eintopf geben und weitere etwa 2 Minuten kochen lassen. Den Eintopf mit Zitronensaft, Sojasauce, Salz und Pfeffer abschmecken.

Beilage: Für Ihre Familie reichen Sie einen **Joghurt-Dip** zu dem Eintopf. Dafür pro Portion 40 g Joghurt (1,5 % Fett) mit 40 g saurer Sahne und 1 Teelöffel Schnittlauchröllchen in einer kleinen Schüssel glatt rühren. Den Dip mit Salz und Pfeffer abschmecken (*zusätzlich E: 2,7 g, F: 4,6 g, Kh: 3,1 g, kJ: 281, kcal: 67, BE: 0,5*).

TIPP: *Der Eintopf lässt sich gut vorbereiten und bei Bedarf — zum Beispiel in der Mikrowelle — erwärmen.*

415 kcal
E: 35,9 g, F: 11,2 g, Kh: 41,0 g, kJ: 1739, BE: 3,0

Mediterraner Fisch-Eintopf *mit Paprika–Dip*

1 Knoblauchzehe
1 kleine Fenchelknolle
(etwa 250 g)
2 Möhren (etwa 140 g)
1 kleine Stange Porree
(Lauch, etwa 200 g)
140 g festkochende Kartoffeln
1 TL Olivenöl (4 g)
400 ml Gemüsebrühe
1 Lorbeerblatt
Salz
gem. Pfeffer
3 Cocktailtomaten
125 g mageres, festes Fischfilet
(z. B. Seelachs, frisch oder TK)

Für den Paprika–Dip:
10 g Ajvar, mild oder scharf
(rote Paprikapaste aus dem Glas)
1 EL Crème légère (30 g)
Zubereitungszeit: 20 Minuten

1. Knoblauch abziehen und klein würfeln. Fenchel putzen, abspülen, abtropfen lassen. Das zarte Grün abschneiden und beiseitelegen. Die Fenchelknolle halbieren (den harten Kern herausschneiden) und in kleine Stücke schneiden. Möhren putzen, schälen, abspülen, abtropfen lassen und in Scheiben schneiden. Porree putzen, die Stange längs halbieren, gründlich waschen und abtropfen lassen. Porree schräg in Scheiben schneiden. Kartoffeln schälen, abspülen, abtropfen lassen und ebenfalls in Würfel schneiden.

2. Olivenöl in einem mittelgroßen Topf erhitzen. Knoblauchwürfel darin andünsten. Möhrenscheiben, Fenchelstücke und Kartoffelwürfel hinzugeben und unter Rühren kurz mitdünsten lassen. Brühe mit dem Lorbeerblatt hinzugeben und zugedeckt zum Kochen bringen. Den Eintopf mit etwas Salz und Pfeffer würzen und mit leicht geöffnetem Topfdeckel bei schwacher bis mittlerer Hitze 8–10 Minuten kochen lassen. Porreescheiben nach 3–5 Minuten Garzeit in den Eintopf geben und mitgaren lassen, dabei gelegentlich vorsichtig durchrühren.

3. In der Zwischenzeit Tomaten abspülen, abtrocknen, halbieren und evtl. die Stängelansätze herausschneiden. Fischfilet kurz unter fließendem kalten Wasser abspülen, mit Küchenpapier gut trocken tupfen und in mundgerechte Stücke schneiden.

4. Die Fischstücke und Tomatenhälften in den Eintopf geben, zugedeckt auf der ausgeschalteten Kochstelle in etwa 2 Minuten gar ziehen lassen.

5. Für den Paprika-Dip Ajvar mit Crème légère verrühren.

6. Den Eintopf nochmals mit den Gewürzen abschmecken, mit dem beiseitegelegten Fenchelgrün und dem Paprika-Dip anrichten.

TIPPS: *Der leichte Fischeintopf ist schnell gemacht und schmeckt so fein und edel, dass er sich auch als Vorspeise für ein Sonntags– oder Gästeessen eignet.*
Wer Fisch nicht so gern isst oder nicht gut verträgt, richtet den Eintopf einfach mit etwa 75 g mageren Kochschinkenstreifen an.

Hauptgerichte mit Fleisch, Fisch & vegetarisch

396

E: 36,7 g, F: 8,8 g, Kh: 41,5 g,
kJ: 1657, BE: 3,5

Filetsteak *mit Balsamico–Linsen und Mango–Tatar*

1 kleine Stange Porree
(Lauch, etwa 120 g)
½ TL Olivenöl (2 g)
1 EL TK-Zwiebelwürfel
50 g rote Linsen
etwa 180 ml Gemüsebrühe
Salz
gem. Pfeffer
80 g frisches Mango-Fruchtfleisch
(vorbereitet gewogen)
evtl. getrocknete Chiliflocken
100 g Rinderfilet-Steak
1 TL Speiseöl (4 g)
1–2 TL Balsamico-Creme

Zubereitungszeit: 20 Minuten

1. Porree putzen, die Stange längs halbieren, gründlich waschen, abtropfen lassen und in feine Scheiben schneiden.

2. Olivenöl in einem Topf erhitzen. Zwiebelwürfel darin andünsten. Linsen und Porreescheiben hinzugeben, kurz unter Rühren mit andünsten. Die Brühe hinzugießen, mit Salz und Pfeffer würzen. Die Zutaten zum Kochen bringen. Die Linsen zugedeckt 8–10 Minuten bei schwacher Hitze unter gelegentlichem Rühren garen.

3. In der Zwischenzeit Mango-Fruchtfleisch in kleine Würfel schneiden und nach Belieben mit etwas Chili würzen.

4. Rinderfilet-Steak mit Küchenpapier trocken tupfen. Speiseöl in einer beschichteten Pfanne erhitzen. Das Steak darin von jeder Seite etwa 2 Minuten anbraten, mit Salz und Pfeffer würzen. Das Steak weitere 2–3 Minuten bei mittlerer Hitze unter Wenden braten. Das Steak aus der Pfanne nehmen und auf eine vorgewärmte Platte legen.

5. Linsen mit Salz, Pfeffer und etwas Balsamico-Creme abschmecken und auf einen Teller geben. Das Filetsteak drauflegen und mit dem Mango-Tatar anrichten. Das Steak nach Belieben mit etwas Balsamico-Creme beträufeln.

TIPPS: *Die kleinen roten Linsen sind schnell gar und zerfallen auch leicht. Deshalb während des Garens die Linsen nur vorsichtig durchrühren und bei schwacher Hitze garen, dabei evtl. die Kochzeit etwas verkürzen.*
Falls keine frische Mango erhältlich ist, evtl. Melonen-Fruchtfleisch, Aprikosenhälften (oder abgetropfte Aprikosenhälften aus der Dose) oder einfach fein gewürfelte Tomaten zu dem Steak und den Linsen servieren.
Die restliche Mango evtl. für ein Dessert verwenden. Das Fruchtfleisch hält sich mit Frischhaltefolie zugedeckt im Gemüsefach des Kühlschranks etwa 4 Tage frisch.

355 kcal

E: 30,4 g, F: 11,1 g, Kh: 31,9 g,
kJ: 1489, BE: 2,5

Schweinefilet
in Senf–Salbei–Sauce zu Kohlrabi–Kartoffel–Risotto

150 g vorwiegend
festkochende Kartoffeln
1 kleiner Kohlrabi (etwa 325 g)
½ TL Butter (5 g)
Salz
gem. Pfeffer
ger. Muskatnuss
75 ml Gemüsebrühe
25 ml Sahne zum Kochen
(7 % Fett)
2 kleine Schweinefilet-Medaillons
(je etwa 50 g)
1 kleine Zwiebel
2–3 Salbeiblättchen oder
½ TL gerebelter Salbei
½ TL Sonnenblumenöl (2 g)
100 ml Gemüsebrühe
½ TL milder Senf
1 EL gehackte Petersilie
(frisch oder TK)

Zubereitungszeit: 20 Minuten

1. Kartoffeln und Kohlrabi schälen, abspülen und gut abtropfen lassen. Kartoffeln und Kohlrabi in etwa 1 cm große Würfel schneiden.

2. Butter in einem Topf zerlassen. Kartoffel- und Kohlrabiwürfel darin bei schwacher Hitze unter Rühren andünsten, mit Salz, Pfeffer und Muskat würzen. Brühe und Sahne hinzugießen, zum Kochen bringen und zugedeckt etwa 10 Minuten unter gelegentlichem Rühren kochen lassen.

3. In der Zwischenzeit Medaillons mit Küchenpapier trocken tupfen. Zwiebel abziehen, halbieren und in kleine Würfel schneiden. Salbeiblättchen abspülen und trocken tupfen.

4. Sonnenblumenöl in einer kleinen beschichteten Pfanne erhitzen. Die Medaillons darin von beiden Seiten 3–4 Minuten braten, mit Salz und Pfeffer würzen. Medaillons aus der Pfanne nehmen und zugedeckt auf einem vorgewärmten Teller warm halten.

5. Zwiebelwürfel in die Pfanne geben und in dem verbliebenen Bratfett unter Rühren goldbraun anbraten. Salbei und Brühe hinzugeben, zum Kochen bringen und bei starker Hitze etwa 1 Minute kräftig einkochen lassen. Den Saucenfond mit Salz, Pfeffer und Senf würzen, Petersilie unterrühren. Die Medaillons mit dem dabei entstandenen Bratensaft in die Sauce geben und kurz erhitzen.

6. Die Kohlrabi-Kartoffel-Würfel ohne Deckel bei starker Hitze sämig einkochen. Risotto mit Salz und Pfeffer abschmecken.

7. Die Schweinefilet-Medaillons in Senf-Salbei-Sauce mit dem Kohlrabi-Kartoffel-Risotto anrichten.

TIPP: *Nach Belieben mit abgespülten und trocken getupften Salbeiblättchen und gehackter Petersilie garnieren.*

341 kcal

E: 31,8 g, F: 13,8 g, Kh: 20,9 g, kJ: 1428, BE: 1,5

Wirsing
in Orangen-Senf-Rahm zu Minuten-Schnitzelchen

1 Zwiebel

350 g junger Wirsing

(etwa ¼ kleiner Kopf)

2 TL Sonnenblumenöl (8 g)

Salz

gem. Pfeffer

1 Prise Gemüsebrühe-Pulver

etwa 1 TL mittelscharfer Senf

75 g Sahne zum Kochen

(7 % Fett)

75 ml Orangensaft

100 g Minuten-Schnitzelchen

Zubereitungszeit: 20 Minuten

1. Zwiebel abziehen und in kleine Würfel schneiden. Wirsing putzen und den Strunk herausschneiden. Wirsing abspülen, abtropfen lassen, vierteln und in etwa 2 cm dicke Spalten schneiden. Dabei die harten Blattrippen entfernen.

2. Einen Teelöffel Sonnenblumenöl in einem Topf erhitzen, Zwiebelwürfel darin andünsten. Wirsingspalten hinzugeben und von beiden Seiten anbraten, mit Salz, Pfeffer und Brühepulver würzen.

3. Senf mit Sahne und Orangensaft verschlagen, zu den Wirsingspalten in den Topf geben, zum Kochen bringen und zugedeckt etwa 10 Minuten bei schwacher Hitze dünsten.

4. In der Zwischenzeit Schnitzelchen mit Küchenpapier trocken tupfen, mit Salz und Pfeffer würzen. Restliches Sonnenblumenöl in einer beschichteten Pfanne erhitzen. Die Schnitzelchen darin von beiden Seiten braun braten.

5. Den Wirsing nochmals mit den Gewürzen abschmecken und mit den Schnitzelchen anrichten.

Beilage: Eine Scheibe (45 g) Roggenmischbrot *(zusätzlich E: 3,3 g, F: 0,4 g, Kh: 20,6 g, kJ: 423, kcal: 101, BE: 1,5)* oder 150 g Pellkartoffeln *(E: 3,1 g, F: 0,2 g, Kh: 22,2 g, kJ: 444, kcal: 107, BE: 2,0).*

TIPPS: *Wenn Sie noch eine Portion gegarte Kartoffeln vom Vortag übrig haben, können Sie diese ganz unkompliziert etwa 5 Minuten mit dem Wirsing erhitzen (150 g – zusätzlich E: 3,0 g, F: 0,0 g, Kh: 28,4 g, kJ: 545, kcal: 131, BE: 2,5).*
Den restlichen Wirsing in Frischhaltefolie wickeln und im Gemüsefach des Kühlschranks lagern. Er hält sich bis zu 1 Woche frisch. Nach Belieben für ein weiteres Schlank-Rezept des Buches verwenden, z. B. Kartoffel-Kürbis-Rösti mit Schmorwirsing (Seite 79).
Oder: Für die Familie von dem restlichen Wirsing Rahm-Wirsing zubereiten, der lässt sich problemlos einfrieren.

379 kcal
E: 34,6 g, F: 14,0 g, Kh: 27,0 g,
kJ: 1584, BE: 1,5

Kreolische Schnitzel-Pfanne

120 g Schnitzelfleisch (z. B. Pute,
Hähnchen oder Kalbsschnitzel)
1 kleines Stück frischer Ingwer
150 g Möhren
(etwa 3 kleine Möhren)
3 Frühlingszwiebeln
1 TL Sonnenblumenöl (4 g)
Salz
gem. Pfeffer
½ TL Tomatenmark
1 kleines Lorbeerblatt

Nach Belieben:

geschrotete Chilischoten
gem. Piment (Nelkenpfeffer)
gem. Gewürznelke
100 ml Gemüsebrühe
15 g geröstete, gesalzene
Erdnusskerne
100 ml Orangensaft

Zubereitungszeit: 20 Minuten

1. Schnitzelfleisch kurz unter fließendem kalten Wasser abspülen, trocken tupfen und in etwa 3 kleine Schnitzel schneiden. Die Schnitzel nebeneinander zwischen Frischhaltefolie oder in einen Gefrierbeutel legen und vorsichtig plattieren.

2. Ingwer schälen und fein reiben oder würfeln. Möhren putzen, schälen, abspülen, abtropfen lassen und in feine Stifte schneiden. Frühlingszwiebeln putzen, abspülen, abtropfen lassen und schräg in etwa 2 cm große Stücke schneiden.

3. Sonnenblumenöl in einer beschichteten Pfanne erhitzen. Die Schnitzel mit Salz und Pfeffer würzen, dann auf beiden Seiten dünn mit Tomatenmark bestreichen. Die Schnitzel in dem erhitzten Sonnenblumenöl kurz von beiden Seiten anbraten, herausnehmen und zugedeckt auf einem Teller warm halten.

4. Ingwer und Möhrenstifte in dem verbliebenen Bratfett unter Rühren etwa 3 Minuten braten, mit Salz und Pfeffer würzen. Die Frühlingszwiebelstücke und das Lorbeerblatt hinzugeben und etwa 2 Minuten mitbraten oder mitdünsten lassen. Nach Belieben jeweils etwas von den Gewürzen hinzugeben. Die Zutaten mit Brühe ablöschen, zum Kochen bringen und die Hälfte der Erdnusskerne unterrühren, etwa 2 Minuten einkochen lassen.

5. Dann die Schnitzel wieder hinzugeben, Orangensaft hinzugießen, nochmals mit Salz und Pfeffer abschmecken. Die Flüssigkeit bei starker Hitze weitere etwa 2 Minuten kräftig einkochen.

6. Die Schnitzel, das Gemüse und die Sauce auf einem Teller anrichten. Die Schnitzel-Pfanne mit den restlichen Erdnusskernen bestreuen.

446 *kcal*

E: 44,4 g, F: 9,1 g, Kh: 44,8 g,
kJ: 1867, BE: 3,5

Slim-Frikadelle *auf Petersilien–Mashed–Potatoes*

15 g Instant-Couscous
2 EL heißes Wasser
225 g mehligkochende Kartoffeln
Salz
125 g Rindertatar
50 g Magerquark
1 EL TK-Zwiebelwürfel
1 TL mittelscharfer Senf
gem. Pfeffer
1 TL Sonnenblumenöl (4 g)
2 EL Milch (1,5 % Fett)
30 g Frischkäse (0,2 % Fett)
ger. Muskatnuss
2 EL gehackte Petersilie
(frisch oder TK)
evtl. etwas glatte Petersilie

Zubereitungszeit: 20 Minuten

1. Couscous in eine Tasse geben, heißes Wasser hinzugeben. Couscous etwa 3 Minuten quellen, dann abkühlen lassen.

2. Kartoffeln schälen, abspülen, abtropfen lassen und in gleichmäßige etwa 2 cm große Würfel schneiden. Kartoffelwürfel knapp mit leicht gesalzenem Wasser bedeckt in einem Topf zugedeckt zum Kochen bringen. Kartoffeln zugedeckt etwa 8 Minuten garen.

3. In der Zwischenzeit Rindertatar in eine Schüssel geben. Quark, Zwiebelwürfel und Senf gut unterkneten. Die Tatarmasse mit Salz und Pfeffer würzen. Couscous kurz unterarbeiten. Aus der Tatarmasse mit leicht angefeuchteten Händen 2–3 Frikadellen formen.

4. Sonnenblumenöl in einer beschichteten Pfanne erhitzen. Die Frikadellen darin unter Wenden etwa 5 Minuten goldbraun braten.

5. Die garen Kartoffeln abgießen, gut abdämpfen lassen und grob zerstampfen, Milch und Frischkäse dabei unterarbeiten. Mashed Potatos mit Salz, Pfeffer und Muskat abschmecken. Die Petersilie unterrühren.

6. Frikadellen und Mashed Potatoes anrichten. Nach Belieben mit abgespülter, trocken getupfter, klein geschnittener Petersilie bestreuen.

TIPPS: *Essen Personen mit großem Hunger mit, bereiten Sie pro Portion etwa 40 g Kartoffeln mehr zu und ersetzen das Tatar durch Rindergehacktes. Als Beilage bereiten Sie zusätzlich pro Portion 250 g Blumenkohlröschen (frisch oder TK) zu. Blumenkohlröschen abspülen, abtropfen lassen und in wenig kochendem Salzwasser zugedeckt etwa 6 Minuten dünsten. Die garen Blumenkohlröschen abgießen und gut abtropfen lassen. Die gebratenen Frikadellen auf eine Seite der Pfanne schieben. Blumenkohlröschen im verbliebenen Bratfett unter Wenden mit anbraten (dann pro Portion: E: 50,7 g, F: 31,9 g, Kh: 57,4 g, kJ: 3046, kcal: 727, BE: 4,5). Das fertige Gericht lässt sich prima mit ins Büro nehmen und dort wieder aufwärmen.*

Curry-Hähnchen-Pfanne

1 Hähnchenbrustfilet (etwa 150 g)
Salz
evtl. 1 Prise gem. Piment
(Nelkenpfeffer)
1 kleine Stange Porree (Lauch,
etwa 120 g)
1 Möhre (etwa 75 g)
5 g Butterschmalz
gem. Pfeffer
1 Prise Currypulver
40 ml Gemüsebrühe
etwa 1 TL Limettensaft
½ TL flüssiger Honig (5 g)
40 g Joghurt (3,5 % Fett)

Zubereitungszeit: 20 Minuten

1. Hähnchenbrustfilet kurz unter fließendem kalten Wasser abspülen, trocken tupfen und in Stücke schneiden. Hähnchenstücke mit etwas Salz und nach Belieben 1 Prise Piment würzen. Porree putzen, die Stange längs halbieren, gründlich waschen und abtropfen lassen.

2. Möhre putzen, schälen, abspülen und abtropfen lassen. Porree in Streifen und Möhre in feine Scheiben schneiden.

3. Das Butterschmalz in einer Pfanne erhitzen. Die Fleischstücke darin von allen Seiten knusprig braun braten. Porreestreifen und Möhrenscheiben hinzufügen, kurz mit anbraten, mit Salz, Pfeffer und Curry würzen. Gemüsebrühe hinzugießen. Limettensaft und Honig unterrühren.

4. Die Zutaten zum Kochen bringen und zugedeckt 5–7 Minuten bei schwacher Hitze kochen lassen. Die Pfanne von der Kochstelle nehmen. Joghurt unter die Hähnchenpfanne rühren (nicht mehr kochen lassen). Die Hähnchenpfanne mit Curry, Salz und Piment würzig abschmecken.

Beilage: Servieren Sie noch Naturreis (1 Portion) dazu. Dafür 40 g Reis nach Packungsanleitung zubereiten *(zusätzlich E: 2,9 g, F: 0,9 g, Kh: 29,6 g, kJ: 586, kcal: 138, BE: 2,5)*. Die Curry-Hähnchen-Pfanne mit einigen abgespülten, trocken getupften Kräuterblättchen garnieren.

283

*E: 39,2 g, F: 7,9 g, Kh: 12,4 g,
kJ: 1180, BE: 1,0*

Putenfilet
mit kalifornischer Avocado-Zitrusfrucht-Salsa

150 g Putenschnitzel
Salz
gem. Pfeffer

1 kleine Orange (100 g)
2 Tomaten (etwa 175 g)
½ kleine Avocado (75 g)
1 EL gehacktes Basilikum
(frisch oder TK)
1 Prise getrocknete Chiliflocken

Zubereitungszeit: 20 Minuten

1. Putenschnitzel kurz unter fließendem kalten Wasser abspülen, trocken tupfen und evtl. gleichmäßig etwas flacher klopfen. Das Schnitzel ohne Fett in einer beschichteten Pfanne bei mittlerer Hitze etwa 5 Minuten unter Wenden braten, mit Salz und Pfeffer würzen.

2. In der Zwischenzeit die Orange so schälen, dass die weiße Haut mitentfernt wird. Die Filets zwischen den Trennhäuten herausschneiden. Trennhäute zusätzlich ausdrücken und den abtropfenden Saft auffangen. Die Orangenfilets in feine Würfel schneiden. Tomaten abspülen, abtrocknen, halbieren und die Stängelansätze herausschneiden. Tomaten ebenfalls klein würfeln.

3. Avocadohälfte schälen und in feine Spalten schneiden. Orangen-, Tomatenwürfel und Basilikum vermischen. Aufgefangenen Orangensaft, etwas Salz und Chili untermischen, abschmecken.

4. Die Putenschnitzel mit der Zitrusfrucht-Salsa und den Avocadospalten anrichten.

TIPPS: *Die Orange kann auch durch Aprikose, Pfirsiche oder Melone ausgetauscht werden. Zu dem Gericht passt für hungrige Familienmitglieder oder Gäste eine Wildreis-Langkorn-Mischung.*

334

E: 40,0 g, F: 11,5 g, Kh: 16,0 g,
kJ: 1400, BE: 1,0

384 *kcal*

E: 28,6 g, F: 5,9 g, Kh: 51,9 g,
kJ: 1608, BE: 3,5

Puten-Souflaki *zu Kräuter–Reisnudeln*

125 ml Gemüsebrühe
etwas Salz
40 g griechische Reisnudeln
(Kritharaki)
100 g Putenschnitzel
1 Knoblauchzehe
1 TL gerebelter Oregano
1 TL Zitronensaft
1 TL Olivenöl (4 g)
1 Zwiebel
2 Tomaten (etwa 150 g)
5 abgetropfte Aprikosenhälften
(aus der Dose, etwa 70 g)
gem. Pfeffer
evtl. 1 Prise Cayennepfeffer oder
getrocknete Chiliflocken
1 TL TK-gemischte Kräuter

Außerdem:
Holzspieße
etwas Speiseöl

Zubereitungszeit: 20 Minuten

1. Brühe und etwas Salz zugedeckt in einem kleinen Topf zum Kochen bringen. Die Reisnudeln hineingeben, durchrühren und bei schwacher Hitze ohne Deckel nach Packungsanleitung unter gelegentlichen Rühren garen.

2. In der Zwischenzeit Putenschnitzel kurz unter fließendem kalten Wasser abspülen, gut trocken tupfen und gleichmäßig plattieren. Putenschnitzel längs in etwa 3 cm breite Streifen schneiden. Knoblauch abziehen, durch eine Knoblauchpresse drücken, mit Oregano, Zitronensaft und Olivenöl in einer kleinen Schüssel verschlagen. Die Fleischstreifen untermischen und kurz ziehen lassen.

3. Zwiebel abziehen und in feine Streifen schneiden. Tomaten abspülen, abtrocknen, halbieren und die Stängelansätze herausschneiden. Tomaten grob würfeln. Aprikosenhälften ebenfalls grob würfeln.

4. Die Fleischstreifen wellenförmig auf geölte Holzspieße stecken. Eine beschichtete Pfanne erhitzen. Die Fleischspieße darin rundherum braun anbraten, mit Salz und Pfeffer würzen. Zwiebelstreifen hinzugeben und mit anbraten, dann Tomaten- und Aprikosenwürfel hinzufügen. Alles mit Salz, Pfeffer und nach Belieben mit etwas Cayennepfeffer oder Chili würzen. Die Spieße mit dem Tomaten-Aprikosen-Gemüse zugedeckt etwa 4 Minuten bei schwacher Hitze garen.

5. Die gemischten Kräuter unter die Nudeln mischen. Puten-Souflaki-Spieße mit den Nudeln und dem Tomaten-Aprikosen-Gemüse anrichten.

TIPPS: *Die Spieße können Sie auch mit Hähnchenbrustfilet zubereiten (dann E: 28,0 g, F: 5,6 g, Kh: 51,9, kJ: 1588, kcal: 379, BE: 3,5). Alternativ zu den reisförmigen Nudeln einfach Vollkorn–Schnellkochreis nach Packungsanleitung zubereiten. Das fertig zubereitete Gericht lässt sich in der Mikrowelle unkompliziert und rasch erwärmen.*

413 *kcal*

E: 44,5 g, F: 12,2 g, Kh: 28,8 g,
kJ: 1727, BE: 1,7

Pfeffer-Roastbeef *mit Kichererbsen–Dip*

Für den Kichererbsen–Dip:
50 g abgetropfte Kichererbsen
(aus der Dose)
1 kleine Knoblauchzehe
15 ml Gemüsebrühe
1 TL Zitronensaft
1 Prise Cayennepfeffer
etwas gem. Kreuzkümmel
(Cumin), gem. Gewürznelke und
gem. Piment (Nelkenpfeffer)
½ TL Joghurt
(1,5 % Fett, etwa 7 g)
Salz
gem. Pfeffer
120 g Roastbeef-Aufschnitt,
in Scheiben
grob gem. Pfeffer

Für das Gemüse:
1 kleine Gemüsezwiebel
(etwa 200 g)
1 TL Olivenöl (4 g)
100 g Cocktailtomaten
100 g Zucker-Aprikosen
evtl. einige Stängel Thymian

Zubereitungszeit: 20 Minuten

1. Für den Dip Kichererbsen in ein Sieb geben, abspülen und abtropfen lassen. Knoblauch abziehen und grob würfeln. Kichererbsen mit Knoblauch, Brühe, Zitronensaft und den Gewürzen in einen hohen Rührbecher geben. Die Zutaten mit einem Pürierstab fein pürieren. Den Joghurt unterrühren. Den Dip mit Salz, Pfeffer und evtl. noch etwas Zitronensaft abschmecken.

2. Die Roastbeef-Scheiben auf einem Teller anrichten und mit grob gemahlenem Pfeffer bestreuen.

3. Für das Gemüse Zwiebel abziehen, halbieren, zuerst in Scheiben schneiden, dann in Ringe teilen. Olivenöl in einer Pfanne erhitzen. Zwiebelringe darin unter Wenden braun anbraten, mit Salz und Pfeffer würzen.

4. Tomaten abspülen, abtrocknen, halbieren und die Stängelansätze herausschneiden. Aprikosen abspülen, abtrocknen, halbieren und entsteinen. Aprikosenhälften in Spalten schneiden.

5. Tomatenhälften und Aprikosenspalten zu den Zwiebelringen in die Pfanne geben, mit Salz, Pfeffer und nach Belieben mit den angegebenen Gewürzen abschmecken. Das Gemüse bei mittlerer Hitze etwa 2 Minuten unter Rühren braten.

6. Pfeffer-Roastbeef mit dem Zwiebel-Tomaten-Gemüse und dem Kichererbsen-Dip anrichten. Nach Belieben mit abgespülten, trocken getupften Thymianstängeln garnieren.

TIPPS: *Verdoppeln Sie die Zutaten für den Dip und essen Sie die Hälfte des Aufstrichs als Snack auf etwas Fladenbrot (etwa 60 g): E: 9,0 g, F: 2,2 g, Kh: 39,0 g, kJ: 904, kcal: 216, BE: 3,3. Bereiten Sie für Ihre Familie z. B. in Olivenöl gegarte Kartoffelspalten aus dem Backofen dazu.*

293

E: 16,6 g, F: 12,9 g, Kh: 27,4 g,
kJ: 1225, BE: 2,0

Kartoffel-Kürbis-Rösti *mit Schmorwirsing*

Für den Schmorwirsing:

1 Zwiebel
75 g Champignons
1 Stück Wirsing (etwa 275 g)
1 TL Sonnenblumenöl (4 g)
½ TL Tomatenmark (4 g)
Salz
gem. Pfeffer
50 ml Gemüsebrühe

Für die Rösti:

75 g mehligkochende Kartoffeln
225 g Hokkaido-Kürbis
ger. Muskatnuss
1 TL Sonnenblumenöl (4 g)

15 g Parmaschinken,
in hauchdünnen Scheiben

Zubereitungszeit: 20 Minuten

1. Für den Schmorwirsing Zwiebel abziehen, halbieren und in sehr feine Würfel schneiden. Champignons putzen, evtl. kurz abspülen, gut trocken tupfen und vierteln. Wirsing putzen und den harten Strunk herausschneiden. Wirsing abspülen, abtropfen lassen und in feine Streifen schneiden.

2. Sonnenblumenöl in einem Topf erhitzen. Die Hälfte der Zwiebelwürfel und die Champignonstücke darin braun anbraten. Tomatenmark unterrühren und kurz mit anbraten. Wirsingstreifen hinzugeben und unter Rühren ebenfalls mitbraten lassen, mit Salz und Pfeffer würzen. Brühe hinzugießen, zum Kochen bringen und alles zugedeckt etwa 10 Minuten schmoren.

3. Für die Rösti in der Zwischenzeit Kartoffeln schälen, abspülen und abtropfen lassen. Von dem Kürbisstück die Kerne mit einem Löffel entfernen. Kürbis abspülen und abtropfen lassen. Kürbis mit der Schale sowie Kartoffeln grob raspeln. Kürbis- und Kartoffelraspel mit den restlichen Zwiebelwürfeln gründlich vermischen. Die Masse mit Salz, Pfeffer und Muskat kräftig würzen.

4. Sonnenblumenöl in einer Pfanne erhitzen. Die Röstimasse in 2–3 Portionen in die Pfanne geben und etwa ½ cm hoch zu runden Rösti formen. Anschließend mit einem Pfannenwender gut andrücken und bei mittlerer Hitze von beiden Seiten knusprig braten.

5. Den Schmorwirsing nochmals mit den Gewürzen abschmecken, mit den Rösti und Schinkenscheiben anrichten.

TIPPS: *Den restlichen Kürbis in Frischhaltefolie wickeln und im Gemüsefach des Kühlschranks aufbewahren. So hält er sich 1– 1 ½ Wochen.*

Sellerie-Apfel-Püree
mit Röstzwiebelringen und Kasseler

344 kcal

E: 12,6 g, F: 11,8 g, Kh: 45,2 g,
kJ: 1439, BE: 3,5

1 mittelgroße Zwiebel
2–3 Stängel frischer oder ½ TL
gerebelter Majoran
250 g Knollensellerie (vorbereitet
gewogen etwa 160 g)
200 g mehligkochende Kartoffeln
½ säuerlicher Apfel
(etwa 100 g, z. B. Boskop)
1 EL Sonnenblumenöl (10 g)
Salz
gem. Pfeffer
175 ml Gemüsebrühe
2 Scheiben magerer Kasseler-
Aufschnitt (25–30 g)

Zubereitungszeit: 20 Minuten

1. Zwiebel abziehen, zuerst in Scheiben schneiden, dann in Ringe teilen. Majoran abspülen und trocken tupfen. Sellerie putzen, schälen, abspülen und abtropfen lassen. Kartoffeln schälen, abspülen und abtropfen lassen. Sellerie und Kartoffeln in 2–3 cm große Würfel schneiden. Apfelhälfte abwaschen, abtrocknen, entkernen und mit der Schale in schmale Spalten schneiden.

2. Sonnenblumenöl in einem Topf erhitzen. Die Apfelspalten darin unter vorsichtigem Wenden etwa 1 Minute zartbraun anbraten, herausnehmen und auf einem Teller zugedeckt warm stellen.

3. Zwiebelringe in dem Topf in dem Bratfett unter Rühren braun rösten, herausnehmen und ebenfalls auf dem Teller zugedeckt warm halten.

4. Sellerie- und Kartoffelwürfel in den Topf geben und im verbliebenen Bratfett kurz andünsten. Die Sellerie-Kartoffel-Mischung mit Salz, Pfeffer und Majoran würzen. Die Brühe hinzugießen und zugedeckt zum Kochen bringen. Sellerie- und Kartoffelwürfel bei schwacher Hitze 12–14 Minuten garen. Dann die Majoranstängel herausnehmen.

5. Kartoffeln und Sellerie abgießen, dabei den Kochfond auffangen. Kartoffeln und Sellerie mit einem Kartoffelstampfer oder stabilen Schneebesen fein zerdrücken. Nach und nach so viel Kochfond hinzugießen und gründlich untermischen, dass ein cremiges Püree entsteht. Das Püree mit Salz und Pfeffer abschmecken.

6. Das Sellerie-Apfel-Püree mit Apfelspalten, Zwiebelringen und Kasselerscheiben auf einem Teller anrichten.

TIPPS: *Das Püree können Sie statt mit Knollensellerie auch mit Steckrübe zubereiten. Dazu die gleiche Menge Steckrübe wie beschrieben mit den Kartoffeln garen. Je nach Lagerzeit der Steckrübe verlängert sich die Garzeit evtl. um einige Minuten.*

Kohlrabi-Kräuter-Frittata *mit Landschinken*

1 Kohlrabi (etwa 400 g)
50 ml Gemüsebrühe
2 Eier (Größe S)
30 g Frischkäse (0,2 % Fett)
2 EL fein gehackte Kräuter
(frisch oder TK, z. B. Kerbel,
Bärlauch oder Basilikum)
Salz
gem. Pfeffer
50 g magerer Landschinken in
Würfeln (aus dem Kühlregal)
1 EL abgetropfter Gemüsemais
(aus der Dose)
evtl. 1 Tomate
einige Kräuterblättchen

Zubereitungszeit: 15 Minuten

1. Kohlrabi putzen, schälen, abspülen, abtropfen lassen und in etwa 1 x 3 cm feine Stifte schneiden. Brühe in einer Pfanne zum Kochen bringen. Die Kohlrabistifte hinzugeben und zugedeckt etwa 3 Minuten bei mittlerer Hitze dünsten. Dann den Deckel abnehmen und die Brühe bei starker Hitze einkochen lassen.

2. In der Zwischenzeit Eier mit Frischkäse und Kräutern verschlagen, mit etwas Salz und Pfeffer würzen.

3. Schinkenwürfel und Mais zu den Kohlrabistiften in die Pfanne geben. Die Temperatur reduzieren und die verschlagenen Eier hinzugießen. Frittata zugedeckt bei schwacher Hitze 3–5 Minuten stocken lassen.

4. Nach Belieben Tomate abspülen, abtrocknen, vierteln und den Stängelansatz herausschneiden. Tomatenviertel entkernen und in Spalten schneiden.

5. Kohlrabi-Kräuter-Frittata mit Tomatenspalten und abgespülten, trocken getupften Kräuterblättchen garnieren.

TIPPS: *Die Frittata lässt sich auch sehr gut mit 300 g vorbereiteten Brokkoliröschen oder 300 g TK-Gemüsemischung (z. B. Farmer-Gemüse) zubereiten. Frittata mit Brokkoli: E: 40,1 g, F: 11,0 g, Kh: 13,8 g, kJ: 1326, kcal: 316, BE: 1,0. Frittata mit Gemüse: E: 36,3 g, F: 12,2 g, Kh: 22,9 g, kJ: 1461, kcal: 346, BE: 2,0.*

386 kcal

E: 36,3 g, F: 8,7 g, Kh: 38,5 g,
kJ: 1611, BE: 3,0

Schinken-Fisch-Päckchen *zu Rucola–Pasta*

etwa 1 l Wasser
½ gestr. TL Salz
50 g Tagliatelle (Bandnudeln)
150 g mageres, festes Fischfilet
(z. B. Pangasius, Kabeljau –
frisch oder TK)
einige frische Kräuter
(z. B. Salbei, Dill, Basilikum,
ersatzweise 1 TL TK-Kräuter)
30 g Rucola (Rauke)
Salz
gem. Pfeffer
1 große oder 2 längliche
schmale Scheiben hauchdünn
geschnittener roher Schinken
(20 g, z. B. Schwarzwälder
oder Pfefferschinken)
½ TL Butter (5 g)
1 EL Limettensaft
75 ml Gemüsebrühe
1 Prise Zucker

Zubereitungszeit: 20 Minuten

1. Wasser in einem Topf zugedeckt zum Kochen bringen. Dann Salz und Nudeln zugeben. Die Nudeln im geöffneten Topf bei mittlerer Hitze nach Packungsanleitung bissfest kochen, dabei gelegentlich umrühren.

2. In der Zwischenzeit Fischfilet kurz unter fließendem kalten Wasser abspülen, trocken tupfen und evtl. noch vorhandene Gräten sorgfältig entfernen. Kräuter abspülen und trocken tupfen. Die Blättchen bzw. Spitzen von den Stängeln zupfen.

3. Rucola putzen und dicke Stängel abschneiden. Rucola abspülen, gut abtropfen lassen oder trocken schleudern und evtl. etwas kleiner zupfen. Das Fischfilet mit etwas Salz und Pfeffer würzen, die Kräuterblättchen bzw. -spitzen darauflegen. Das Fischfilet mit den Schinkenscheiben sorgfältig umwickeln.

4. Butter in einer Pfanne zerlassen. Das Fischfilet darin unter vorsichtigem Wenden von beiden Seiten zartbraun braten, herausnehmen und zugedeckt auf einem vorgewärmten Teller warm halten.

5. Zwischenzeitlich die garen Nudeln in ein Sieb geben, mit heißem Wasser abspülen und abtropfen lassen.

6. Das verbliebene Bratfett mit Limettensaft und Brühe ablöschen, zum Kochen bringen und bei starker Hitze etwa um die Hälfte einkochen lassen. Die Sauce mit Salz, Pfeffer und Zucker abschmecken.

7. Die Nudeln zu der Sauce in die Pfanne geben und vermischen, dann Rucola hinzugeben und alles gut durchschwenken. Rucola-Nudeln mit Salz und Pfeffer würzen. Evtl. ausgetretenen Bratensaft von dem Fischfilet hinzugießen. Die Schinken-Fisch-Päckchen mit der Rucola-Pasta anrichten.

TIPP: *Im Frühling können Sie statt Rucola auch die gleiche Menge zarten Blattspinat für dieses Gericht verwenden.*

401 *kcal*

E: 27,5 g, F: 8,0 g, Kh: 52,6 g, kJ: 1680, BE: 4,0

Fischfilet *mit Melonen–Ingwer–Relish*

40 g Basmati-Reis
1 Frühlingszwiebel
25 ml fettreduzierte Kokosmilch
80 ml Wasser
Salz
1 kleines Stück frischer Ingwer
(etwa 1 cm)
1 EL Limettensaft
1 Prise Zucker
2 Tomaten (120 g)
100 g Zuckermelonen-Frucht-
fleisch (z. B. Galia- oder
Cantaloup-Melone)
getrocknete Chiliflocken
125 g mageres weißes Fischfilet,
z. B. Pangasius- oder
Seelachsfilet (frisch oder TK)
½ TL Butter (5 g)
gem. Pfeffer

Zubereitungszeit: 20 Minuten

1. Reis in ein Sieb geben, mit lauwarmem Wasser gründlich abspülen und ab-tropfen lassen. Frühlingszwiebel putzen, abspülen, abtropfen lassen und in feine Scheiben schneiden. Den unteren weißen Teil der Frühlingszwiebel mit Kokosmilch, Wasser und etwas Salz zugedeckt in einem kleinen Topf zum Kochen bringen. Den Reis einrühren, dann die Kochstelle ausschalten. Den Reis zugedeckt etwa 10 Minuten quellen lassen.

2. In der Zwischenzeit Ingwer schälen, fein reiben, mit Limettensaft und Zucker in einer kleinen Schüssel verrühren. Frühlingszwiebelgrün unterrühren. Tomaten ab-spülen, abtrocknen und die Stängelansätze herausschneiden. Tomaten und Melonen-Fruchtfleisch sehr fein würfeln und unter die Ingwer-Frühlingszwiebel-Mischung rühren. Das Relish mit Salz und nach Belieben mit 1 Prise Chili abschmecken.

3. Fischfilet kurz unter fließendem kalten Wasser abspülen und gut trocken tupfen. Butter in einer beschichteten Pfanne zerlassen. Das Fischfilet darin unter Wenden 3–4 Minuten braun braten, mit Salz und Pfeffer würzen.

4. Das Fischfilet mit dem Melonen-Ingwer-Relish und dem Kokosreis anrichten.

TIPP: *Die restliche Kokosmilch können Sie in einem Eiswürfelbereiter verteilen und in den Ge-frierschrank stellen. Anschließend die gefrorenen Eiswürfel herauslösen und in einen Gefrierbeutel füllen. Fest verschlossen hält sich die gefrorene Kokosmilch einige Monate frisch und kann portions-weise für verschiedene Gerichte verwendet werden.*

E: 29,5 g, F: 12,4 g, Kh: 24,7 g,
kJ: 1393, BE: 1,5

Wasabi-Seelachs *mit Gurken–Sprossen–Salat*

Für den Gurken–Sprossen–Salat:
1 EL Zitronen- oder Limettensaft
etwa 1 TL Sojasauce
1 Prise Zucker
Salz
gem. Pfeffer
½ Salatgurke (etwa 200 g)
½ säuerlicher Apfel (etwa 100 g)
50 g Mungobohnen-Keimlinge
(frisch oder abgetropft
aus dem Glas)

Für den Wasabi–Seelachs
20 g Wasabi-Erdnusskerne
(aus Dose oder Beutel)
125 g mageres Fischfilet
(z. B. Seelachs oder Kabeljau,
frisch oder TK)
1 TL Sonnenblumenöl (4 g)
evtl. einige Stängel frischer
Koriander

Zubereitungszeit: 20 Minuten

1. Für den Salat Zitronen- oder Limettensaft mit Sojasauce, Zucker, Salz und Pfeffer in einer Schüssel verrühren.

2. Die Salatgurke schälen, abspülen, trocken tupfen und fein hobeln. Apfelhälfte schälen, entkernen, abspülen, trocken tupfen, in Spalten schneiden und ebenfalls fein hobeln. Gurken- und Apfelraspel unter das Dressing rühren und etwas durchziehen lassen.

3. In der Zwischenzeit frische Mungobohnen-Keimlinge verlesen, abspülen und gut abtropfen lassen.

4. Wasabi-Erdnusskerne sehr fein hacken. Fischfilet kurz unter fließendem kalten Wasser abspülen, trocken tupfen und mit Salz würzen. Fischfilet in den gehackten Nusskernen wenden und diese gut andrücken.

5. Sonnenblumenöl in einer beschichteten Pfanne erhitzen. Fischfilet darin unter vorsichtigem Wenden bei schwacher Hitze etwa 6 Minuten goldbraun braten (**Achtung:** Die Panade wird schnell dunkel, das Fett nicht zu stark erhitzen!).

6. Das Fischfilet aus der Pfanne nehmen, auf einen vorgewärmten Teller geben und zugedeckt kurz warm halten. Die Keimlinge im verbliebenen Bratfett unter Rühren kurz knackig anbraten.

7. Koriander abspülen und trocken tupfen. Die Blättchen von den Stängeln zupfen. Blättchen grob hacken, mit dem Gurken-Sprossen-Salat und den Keimlingen vermischen. Den Salat nochmals mit den Gewürzen abschmecken.

TIPP: *Bereiten Sie zusätzlich 40 g Langkornreis dazu (zusätzlich E: 2,6 g, F: 0,2 g, Kh: 31,4 g, kJ: 585, kcal: 138, BE: 2,5). Den garen Reis mit dem Wasabi–Seelachsfilet und dem Gurken–Sprossen–Salat anrichten.*

346 kcal

E: 37,7 g, F: 14,0 g, Kh: 15,8 g,
kJ: 1451, BE: 1,0

Lachsforellen-Päckchen *à la Provence*

Für das Gemüse:
1 rote Zwiebel
1 Knoblauchzehe
1 kleine Zucchini (etwa 125 g)
1 kleine Aubergine (etwa 200 g)
1 TL Olivenöl (4 g)
Salz
gem. Pfeffer
fein gehackter Thymian und
Rosmarin (frisch oder gerebelt)
175 g stückige Tomaten
(aus der Dose)

Für das Fischpäckchen:
1 kleines Lachsforellenfilet
(etwa 150 g, frisch oder TK)
4 abgetropfte schwarze Oliven
mit Stein
fein gehackter Thymian und
Rosmarin (frisch oder gerebelt)

Außerdem:
2 Holzstäbchen
Zubereitungszeit: 20 Minuten

1. Für das Gemüse Zwiebel und Knoblauch abziehen. Zwiebel zuerst in Scheiben schneiden, dann in Ringe teilen. Knoblauch in kleine Würfel schneiden. Zucchini und Aubergine abspülen, abtrocknen und die Enden bzw. den Stängelansatz abschneiden. Zucchini und Aubergine längs halbieren, in Scheiben oder Würfel schneiden.

2. Olivenöl in einem kleinen Topf erhitzen. Zwiebelringe und Knoblauchwürfel darin glasig dünsten, dann die Aubergine hinzugeben und unter Rühren etwa 2 Minuten mit andünsten. Anschließend die Zucchini hinzufügen und unter gelegentlichem Rühren weitere etwa 2 Minuten dünsten. Das Gemüse mit Salz, Pfeffer und jeweils etwas von den Kräutern kräftig würzen. Die stückigen Tomaten untermischen. Das Gemüse zugedeckt bei schwacher Hitze 10–12 Minuten schmoren.

3. In der Zwischenzeit für das Fischpäckchen das Forellenfilet (TK-Forellenfilet vorher auftauen lassen) kurz unter fließendem kalten Wasser abspülen, trocken tupfen und in 2 gleich große Stücke schneiden. Fischfilet mit etwas Salz und Pfeffer würzen. Das Olivenfruchtfleisch von den Steinen schneiden. Oliven fein hacken, mit den Kräutern (etwa ¼ Teelöffel) mischen und auf einem Fischstück verteilen, das zweite Fischstück darauflegen und an den Seiten mit Holzstäbchen feststecken.

4. Das Fischpäckchen in einer kleinen beschichteten Pfanne ohne Fett bei mittlerer Hitze von jeder Seite 2–3 Minuten braun braten.

5. Das Gemüse nochmals mit Salz und Pfeffer abschmecken. Die Holzstäbchen entfernen. Das Lachsforellen-Päckchen mit dem Gemüse anrichten.

330 *kcal*

E: 23,9 g, F: 5,5 g, Kh: 44,6 g,
kJ: 1387, BE: 3,5

Skandinavische Röstkartoffeln
mit Garnelen–Gurken–Dip

300 g festkochende Kartoffeln
75 ml Wasser
Salz
gem. Pfeffer
1 kleines Lorbeerblatt

4 Radieschen (40 g)
1 Stück Salatgurke (etwa 150 g)
75 g Frischkäse (0,2 % Fett)
½ TL mittelscharfer Senf
Salz
gem. Pfeffer
1 TL Sonnenblumenöl (4 g)
50 g gegarte, geschälte Garnelen
oder Krabben (ohne Darm)
etwas Shiso-Kresse

Zubereitungszeit: 20 Minuten

1. Kartoffeln schälen, abspülen, abtrocknen und in etwa 1½ cm breite Spalten schneiden. Wasser, etwas Salz, Pfeffer, Lorbeerblatt und Kartoffeln in eine kleine beschichtete Pfanne geben und zugedeckt zum Kochen bringen. Die Kartoffelspalten zugedeckt bei schwacher Hitze etwa 7 Minuten garen.

2. In der Zwischenzeit Radieschen putzen, abspülen, abtropfen lassen und in feine Stifte schneiden. Gurke nach Belieben schälen, sonst gründlich waschen und abtrocknen. Gurke in kleine Stücke schneiden. Frischkäse mit Senf verrühren, mit Salz und Pfeffer würzen. Gurkenwürfel und Radieschenstifte untermischen, nochmals abschmecken.

3. Den Deckel von der Pfanne nehmen. Die noch vorhandene Flüssigkeit bei starker Hitze verkochen lassen. Dann das Sonnenblumenöl zu den Kartoffelspalten in die Pfanne geben. Die Kartoffelspalten bei mittlerer Hitze unter vorsichtigem Wenden braun braten.

4. Garnelen oder Krabben kurz unter fließendem kalten Wasser abspülen und auf Küchenpapier abtropfen lassen. Kartoffelspalten, Gemüse-Dip und Garnelen oder Krabben auf einem Teller anrichten. Nach Belieben mit etwas abgespülter, trocken getupfter Kresse bestreuen.

E: 15,9 g, F: 10,9 g, Kh: 58,7 g,
kJ: 1685, BE: 4,5

Feuriger Erdnuss-Gemüsereis *aus dem Wok*

50 g Vollkorn-Schnellkochreis
(8–10 Minuten Garzeit)
Salzwasser
2 Möhren (etwa 125 g)
1 kleine Stange Porree
(Lauch, etwa 120 g)
350 g Spitzkohl
(ersatzweise China- oder
Weißkohl)
1 TL Sojaöl (4 g)
1–2 EL Sojasauce
evtl. Salz
getrocknete Chiliflocken
(ersatzweise Cayennepfeffer)
75 ml heiße Gemüsebrühe
10 g fein gehackte geröstete,
gesalzene Erdnusskerne

Zubereitungszeit: 20 Minuten

1. Vollkorn-Schnellkochreis in kochendem Salzwasser nach Packungsanleitung garen.

2. Inzwischen Möhren putzen, schälen, abspülen, abtropfen lassen und in feine Stifte schneiden. Porree putzen, die Stange längs halbieren, gründlich waschen, abtropfen lassen und in feine Streifen schneiden. Von dem Spitzkohl die äußeren welken Blätter entfernen. Spitzkohl halbieren und die dicken Blattrippen herausschneiden. Spitzkohl abspülen, abtropfen lassen und in Stückchen schneiden.

3. Sojaöl in einem Wok oder einer großen beschichteten Pfanne erhitzen. Möhrenstifte darin etwa 1 Minute unter Rühren anbraten. Dann Porreestreifen und Spitzkohlstücke hinzugeben, unter Rühren weitere etwa 2 Minuten mitbraten lassen. Das Gemüse mit etwas Sojasauce oder etwas Salz und Chili oder Cayennepfeffer würzen. Die heiße Brühe zu dem Gemüse geben und zum Kochen bringen. Das Gemüse zugedeckt 8–10 Minuten unter gelegentlichem Rühren dünsten.

4. Den garen Reis evtl. abgießen und mit den Erdnüssen zum Gemüse geben. Die Zutaten bei starker Hitze unter Rühren vorsichtig vermischen. Gemüsereis mit Sojasauce oder Salz und Chili abschmecken.

TIPPS: *Auch für die Familie ist der Gemüsereis rasch angereichert: Braten Sie einfach pro Person eine kleine Hähnchen– (etwa 125 g – zusätzlich pro Portion: E: 33,5 g, F: 0,8 g, Kh: 0,0 g, kJ: 600, kcal: 144, BE: 0,0) oder Putenbrust (zusätzlich pro Portion: E: 31,4 g, F: 1,1 g, Kh: 0,0 g, kJ: 575, kcal: 138, BE: 0,0) separat in einer beschichteten Pfanne ohne Fett dazu. Zum Mitnehmen ins Büro das fertige Gericht erkalten lassen und in eine mikrowellengeeignete, verschließbare Schüssel geben. Das Gericht in der Mikrowelle aufwärmen.*

218 *kcal*

E: 8,1 g, F: 11,9 g, Kh: 18,8 g,
kJ: 913, BE: 1,5

Thai-Blumenkohl-Teller

1 Schalotte oder
1 EL TK-Zwiebelwürfel
1 TL Sojaöl (4 g)
½–1 TL Thai-Curry-Paste
(aus dem Asia-Laden)
50 ml fettreduzierte Kokosmilch
150 ml Gemüsebrühe
2 kleine Möhren (etwa 100 g)
300 g Blumenkohlröschen
(frisch oder TK)
1 Frühlingszwiebel
2 EL abgetropfter Gemüsemais
(30 g, aus der Dose)
Salz oder Sojasauce
gem. Pfeffer

Zubereitungszeit: 20 Minuten

1. Die Schalotte abziehen und in kleine Würfel schneiden. Sojaöl in einem Topf erhitzen. Schalotten- oder Zwiebelwürfel darin glasig dünsten. Die Curry-Paste unterrühren und kurz mit andünsten. Die Zutaten mit Kokosmilch und Brühe ablöschen und zugedeckt zum Kochen bringen.

2. In der Zwischenzeit Möhren putzen, schälen, abspülen und abtropfen lassen. Möhren in feine Stifte schneiden. Blumenkohl putzen, in Röschen teilen, abspülen und abtropfen lassen. Möhrenstifte und Blumenkohlröschen in den Kokosfond geben und zugedeckt etwa 5 Minuten dünsten. Dann den Deckel abnehmen und den Fond weitere etwa 2 Minuten einkochen lassen.

3. Frühlingszwiebel putzen, abspülen, abtropfen lassen und schräg in Scheiben schneiden. Frühlingszwiebelscheiben und Mais zum Curry-Gemüse geben und alles weitere etwa 2 Minuten kochen lassen. Das Curry-Gemüse mit Salz oder Sojasauce und Pfeffer abschmecken und anrichten.

Beilage: Servieren Sie dazu ein wachsweich gekochtes Ei (Größe M), dann zusätzlich: *E: 6,5 g, F: 5,1 g, Kh: 0,8, kJ: 315, kcal: 75, BE: 0,0.* Oder Sie bereiten 50 g Basmati-Reis (Rohgewicht) nach Packungsanleitung zu *(zusätzlich E: 4,3 g, F: 0,3 g, Kh: 38,0 g, kJ: 731, kcal: 172, BE: 3,0)* oder 1 Scheibe Vollkorn-Fladenbrot (50 g) *(zusätzlich E: 3,5 g, F: 0,6 g, Kh: 24,0 g, kJ: 493, kcal: 118, BE: 2,0)* dazu servieren.

TIPPS: *Die fertige Thai-Curry-Paste aus dem Glas kann sehr scharf sein. Deshalb besser zunächst nur wenig Paste zu den Schalottenwürfeln geben und den Kokosfond abschmecken. Dann nach Belieben nachwürzen. Statt Blumenkohl können Sie auch Brokkoliröschen verwenden.*

Rosmarin-Paprika-Pfanne

E: 10,3 g, F: 5,0 g, Kh: 58,4 g,
kJ: 1387, BE: 4,5

300 g kleine festkochende
Kartoffeln
2 kleine Schalotten (etwa 65 g)
1 TL Olivenöl (4 g)
Salz
gem. Pfeffer
350 g Paprikaschoten
(rot, grün, gelb)
1 Stängel Rosmarin
1 Knoblauchzehe
etwa 65 ml Gemüsebrühe
etwas Zitronensaft

Zubereitungszeit: 25 Minuten
Garzeit: etwa 30 Minuten

1. Kartoffeln unter fließendem kalten Wasser gründlich abbürsten und gut abtropfen lassen. Kartoffeln mit der Schale längs halbieren. Schalotten abziehen und evtl. halbieren.

2. Olivenöl in einer Pfanne erhitzen. Kartoffelhälften und Schalotten darin bei mittlerer Hitze etwa 15 Minuten unter mehrmaligem Wenden goldbraun braten, mit Salz und Pfeffer würzen.

3. In der Zwischenzeit Paprikaschoten halbieren, entstielen, entkernen und die weißen Scheidewände entfernen. Schotenhälften abspülen, abtropfen lassen und in Stücke schneiden. Rosmarin abspülen, trocken tupfen und die Nadeln von dem Stängel zupfen. Knoblauch abziehen und längs halbieren.

4. Die Paprikastücke zu den Kartoffeln in die Pfanne geben und kurz unter Rühren mit anbraten. Knoblauch und Rosmarin unterrühren. Etwas von der Brühe hinzugießen.

5. Das Gemüse weitere 10–15 Minuten bei schwacher Hitze unter gelegentlichem Rühren braten. Restliche Brühe hinzugießen, zum Kochen bringen und einkochen lassen. Rosmarin-Paprika-Pfanne mit Salz, Pfeffer und Zitronensaft abschmecken.

VARIANTE: *Für eine Rosmarin-Putenbrust-Pfanne (1 Portion) 120 g Putenbrustfilet kurz unter fließendem kalten Wasser abspülen, trocken tupfen und quer zur Faser in etwa 1 cm dicke Scheiben schneiden, evtl. nochmals halbieren. 100 g Austernpilze putzen, evtl. kurz abspülen, trocken tupfen, größere Pilze halbieren. 100 g abgetropfte Aprikosenhälften (aus der Dose) halbieren. 1 kleine Stange Porree (Lauch) putzen, die Stange längs halbieren, gründlich waschen, abtropfen lassen und in etwa 1 cm breite Streifen schneiden. 1 Teelöffel Speiseöl (4 g) in einem Wok erhitzen. Das Fleisch darin portionsweise von allen Seiten gut anbraten, mit Salz und Pfeffer würzen und anschließend an den Rand des Woks schieben. Die Austernpilze in die Mitte des Woks geben und anbraten. Aprikosen und Porree hinzugeben und kurz mit andünsten. Alles mit Salz und Pfeffer kräftig würzen. ½–1 Teelöffel Rosmarinnadeln, 1 Esslöffel Sojasauce und 2 Esslöffel Aprikosensaft (aus der Dose) hinzugießen. 65 g Sahne zum Kochen (7 % Fett) hinzugeben, alles zum Kochen bringen und etwa 5 Minuten garen lassen. Vor dem Servieren die Pfanne evtl. nochmals abschmecken (E: 37,3 g, F: 13,2 g, Kh: 22,8 g, kJ: 1510, kcal: 362, BE: 1,5).*

371 *kcal*

E: 28,0 g, F: 12,4 g, Kh: 35,1 g,
kJ: 1559, BE: 3,0

Tandoori-Pastinaken-Gratin *mit Schinken*

375 g Pastinaken
(vorbereitet gewogen 275 g)
1 TL Sonnenblumenöl (4 g)
1 EL TK-Zwiebelwürfel
1–2 TL Tandoori-Paste
(indische Gewürzpaste, aus
dem Glas)
150 ml Gemüsebrühe
Salz
gem. Pfeffer
30 g magerer Kochschinken
(ohne Fettrand)
50 g Gratin-Käse
(etwa 12 % Fett absolut)

Zubereitungszeit: 20 Minuten

1. Pastinaken putzen, schälen, abspülen, abtropfen lassen und in etwa ½ cm dicke Scheiben schneiden. Sonnenblumenöl in einem kleinen Topf erhitzen. Die gefrorenen Zwiebelwürfel hinzugeben und kurz unter Rühren andünsten. Pastinakenscheiben hinzugeben und kurz mitdünsten lassen.

2. Die Tandoori-Paste und die Gemüsebrühe unterrühren und zum Kochen bringen. Dann mit Salz und Pfeffer würzen. Die Pastinakenscheiben zugedeckt etwa 7 Minuten bei schwacher Hitze dünsten.

3. In der Zwischenzeit den Backofen vorheizen.
Ober-/Unterhitze: etwa 220 °C
Heißluft: etwa 200 °C

4. Schinken in Streifen schneiden und unter die Pastinakenscheiben mischen. Die Pastinaken-Schinken-Mischung mit dem Tandoori-Fond in eine kleine Gratinform füllen. Die Zutaten mit dem Käse bestreuen. Die Form auf dem Rost in den vorgeheizten Backofen schieben. Das Gratin 8–10 Minuten überbacken.

Beilage. Ein kleines Stück Fladenbrot
(zusätzlich: E: 2,1 g, F: 0,3 g, Kh: 12,2 g, kJ: 254, kcal: 61, BE: 1,0).

TIPPS: *Die indische Würzpaste ist recht scharf und intensiv im Geschmack, deshalb zunächst vorsichtig dosieren und evtl. nachwürzen. Statt der fertigen Würzpaste können Sie zum Würzen der Kochflüssigkeit auch Currypulver verwenden.*
Die angebrochene Tandoori–Paste im Glas hält sich verschlossen im Kühlschrank mehrere Monate.

Gratiniertes Kartoffel-Ragout
nach griechischer Art

1 Zwiebel
1 kleine Knoblauchzehe
250 g festkochende Kartoffeln
1 TL Olivenöl (4 g)
1 kleiner Stängel Rosmarin
(ersatzweise 1 TL gerebelter
Rosmarin)
1 kleines Stück Bio-Zitronen-
schale (unbehandelt, unge-
wachst)
75 ml Gemüsebrühe
1 kleine rote Paprikaschote
(etwa 180 g)
2 kleine Zucchini (etwa 250 g)
Salz
gem. Pfeffer
50–75 g Schafskäse (9 % Fett)

Zubereitungszeit: 20 Minuten
Überbackzeit: 8–10 Minuten

1. Zwiebel und Knoblauch abziehen. Beides in kleine Würfel schneiden. Kartoffeln schälen, abspülen, abtropfen lassen und in etwa ½ cm dicke Scheiben schneiden.

2. Olivenöl in einem Topf erhitzen, Zwiebel- und Knoblauchwürfel darin andünsten. Kartoffelscheiben hinzugeben und etwa 2 Minuten unter Wenden mit anbraten. Rosmarin abspülen, trocken tupfen und mit der vorbereiteten Zitronenschale zu den Kartoffeln geben. Brühe hinzugießen und zum Kochen bringen. Die Kartoffeln zugedeckt bei schwacher Hitze etwa 2 Minuten kochen lassen.

3. In der Zwischenzeit Paprikaschote halbieren, entstielen, entkernen und die weißen Scheidewände entfernen. Schotenhälften abspülen, abtropfen lassen und in grobe Stücke schneiden. Zucchini abspülen, abtrocknen und die Enden abschneiden. Zucchini evtl. längs halbieren und in etwa ½ cm dicke Scheiben schneiden.

4. Paprika und Zucchini zu den Kartoffeln geben, wieder zum Kochen bringen und zugedeckt weitere etwa 6 Minuten unter gelegentlichem Rühren dünsten.

5. Den Backofen vorheizen.
Ober-/Unterhitze: etwa 220 °C
Heißluft: etwa 200 °C

6. Das gedünstete Gemüse mit den Kartoffeln und der Brühe in eine kleine Auflauf-form geben. Zitronenschale und Rosmarinstängel nach Belieben entfernen. Gemüse und Kartoffeln mit Salz und Pfeffer würzen. Schafskäse fein zerbröseln und darauf-streuen. Die Form auf dem Rost in den vorgeheizten Backofen schieben. Das Gratin 8–10 Minuten überbacken.

TIPPS: *Das gratinierte Ragout lässt sich bestens vorbereiten und in einer mikrowellen- oder backofengeeigneten Schale fix und fertig — nur noch zum Aufwärmen — mit ins Büro nehmen. Erweitern Sie das Gratin für die Familie einfach mit fertig gekauften Frikadellen (aus dem Kühl-regal), die mit in der Form erhitzt werden können. Und eine zusätzliche goldbraune Kruste aus geriebenem Gouda macht das Gericht für hungrige Kinder noch attraktiver.*

Knusprige Reisplätzchen
mit Pilz–Tomaten–Ragout

2 TL Sonnenblumenöl (8 g)
2 EL TK-Zwiebelwürfel oder
1 TL TK-Knoblauchwürfel
200 g rosé Champignons
75 g Cocktailtomaten
Salz
gem. Pfeffer
1 Eiweiß
1 TL Speisestärke (5 g)
100 g fertig gegarter Reis
(vakuumverpackt oder
vom Vortag)
¼ TL gerebelter Thymian
50 g saure Sahne

1 EL Schnittlauchröllchen
(frisch oder TK)

Zubereitungszeit: 20 Minuten

1. Einen Teelöffel Sonnenblumenöl in einer Pfanne erhitzen. Zwiebel- oder Knoblauchwürfel darin andünsten.

2. Champignons putzen, evtl. kurz abspülen, trocken tupfen und nach Belieben in Scheiben schneiden. Tomaten abspülen, abtrocknen, halbieren und evtl. die Stängelansätze herausschneiden.

3. Die Champignons zu den Zwiebel- oder Knoblauchwürfeln in die Pfanne geben, bei starker Hitze unter Rühren etwa 3 Minuten braten. Die Pilz-Mischung mit Salz und Pfeffer würzen. Tomatenhälften hinzugeben und kurz durchschwenken.

4. In der Zwischenzeit Eiweiß mit Salz in einem tiefen Teller schaumig aufschlagen. Die Speisestärke unterschlagen. Den garen Reis untermischen, mit Thymian, Salz und Pfeffer würzen.

5. Restliches Sonnenblumenöl in einer beschichteten Pfanne erhitzen. Die Reis-mischung in etwa 4 gleich großen Portionen in die Pfanne geben. Die Portionen jeweils mit einem Löffel leicht verstreichen. Die Reisplätzchen bei mittlerer Hitze von beiden Seiten knusprig und zartbraun braten.

6. Die Pfanne mit dem Champignon-Tomaten-Ragout von der Kochstelle nehmen. Saure Sahne unterrühren, nochmals mit Salz und Pfeffer abschmecken.

7. Die Reisplätzchen mit dem Pilz-Tomaten-Ragout anrichten. Pilz-Tomaten-Ragout mit abgespülten, trocken getupften Schnittlauchröllchen bestreuen.

TIPPS: *Die knusprigen Reisplätzchen sind auch eine prima Idee, wenn einmal von einem anderen Essen eine kleine Portion fertig gegarter Reis übrig geblieben ist.*
Sie schmecken ohne Thymian und Pfeffer gewürzt gut zu Kompott oder Obstsalat.
Statt der frischen Champignons können Sie auch abgetropfte Champignons (aus der Dose) oder TK-Champignons verwenden.

Rote-Bete-Tatar *mit Wasabi–Frischkäse*

350 g gegarte, geschälte
Rote-Bete-Knollen
(vakuumverpackt)
1 kleine Frühlingszwiebel
2–2 ½ EL Apfelessig
½ TL flüssiger Honig (5 g)
Salz
gem. Pfeffer
1 TL Olivenöl (4 g)
100 g Frischkäse (0,2 % Fett)
½–1 gestr. TL Wasabi-Pulver
1 EL Schnittlauchröllchen
(TK oder frisch)
1 Scheibe Vollkorn-Nussbrot
(etwa 45 g)
Zubereitungszeit: 15 Minuten,
ohne Durchziehzeit

1. Rote Bete in sehr feine Würfel schneiden. Frühlingszwiebel putzen, abspülen, abtropfen lassen und schräg in feine Scheiben schneiden. Apfelessig mit Honig, Salz und Pfeffer in einer Schüssel verrühren. Das Olivenöl unterschlagen. Die Frühlingszwiebelscheiben und Rote-Bete-Würfel untermischen, kurz durchziehen lassen.

2. In der Zwischenzeit Frischkäse mit Wasabi-Pulver und Schnittlauchröllchen zu einer glatten Masse verrühren. Das Rote-Bete-Tatar auf einem Teller verteilen. Aus der Frischkäsemasse mit einem Esslöffel Nocken abstechen bzw. formen und auf oder neben dem Tatar anrichten. Dazu das Vollkornbrot servieren.

394 kcal

E: 20,0 g, F: 8,8 g, Kh: 56,6 g,
kJ: 1653, BE: 4,5

TIPPS: *Dieser Mittags–Snack lässt sich gut vorbereiten und ist perfekt fürs Büro. Das Rote–Bete–Tatar können Sie bis zu 2 Tage vor dem Verzehr zubereiten und in einem Schraubglas gut transportieren. Den Frischkäse einfach getrennt verpackt mitnehmen.*
Für Ihre Familie reichen Sie je 1 Frikadelle (etwa 100 g – zusätzlich pro Portion E: 13,1 g, F: 15,7 g, Kh: 9,4 g, kJ: 963, kcal: 231, BE: 1,0) oder eine würzige Bratwurst (etwa 90 g – zusätzlich pro Portion E: 13,7 g, F: 24,0 g, Kh: 0,2 g, kJ: 1127, kcal: 269, BE: 0,0) dazu. Das Wasabi–Pulver können Sie durch geriebenen Meerrettich ersetzen. Garnieren Sie das Tatar mit einigen vorbereiteten Frühlingszwiebelscheiben und Schnittlauchhalmen.

Quark-Pancakes *mit Kiwi–Apfel-Tatar*

Für die Pancakes:

125 g Magerquark
1 Eigelb (Größe M)
2 EL Schmelzflocken
(etwa 20 g)

Für das Kiwi–Apfel-Tatar:

1 Kiwi
1 kleiner saftiger Apfel
3–4 Blättchen frische Minze
1 Eiweiß (Größe M)
1 Prise Salz
1 EL Zucker oder
Agavendicksaft (10 g)
½ TL Sonnenblumenöl (2 g)
evtl. einige Blättchen
frische Minze

Zubereitungszeit: 15 Minuten

1. Für die Pancakes Quark in eine Rührschüssel geben, mit Eigelb und Schmelz-flocken glatt rühren. Die Quarkmasse etwa 2 Minuten quellen lassen.

2. In der Zwischenzeit für das Tatar Kiwi schälen und kleine Stücke schneiden. Apfel heiß abwaschen, abtrocknen, vierteln und entkernen. Evtl. ein Apfelviertel in Spalten schneiden. Die restlichen Apfelviertel in kleine Stücke schneiden. Apfel- und Kiwiwürfel vermischen.

3. Die Minzeblättchen abspülen, trocken tupfen, klein schneiden und unter die Obstwürfel mischen.

4. Eiweiß mit Salz steif schlagen. Zucker oder Agavendicksaft unterschlagen. Den Eischnee unter die Quarkmasse heben.

5. Eine kleine beschichtete Pfanne mit Sonnenblumenöl ausstreichen und erhitzen.

6. Den Teig in etwa 5 gleich großen Portionen in die Pfanne geben. Dabei die ein-zelnen Teigportionen mit einem Löffel etwas verstreichen. Die Pancakes von beiden Seiten knusprig braun braten.

7. Die Pancakes mit dem Kiwi-Apfel-Tatar auf einem Teller anrichten und nach Belieben mit den Apfelspalten und abgespülten, trocken getupften Minzeblättchen garnieren.

TIPP: *Anstelle von frischen Minzeblättchen können Sie auch ¼ Teelöffel getrocknete Minze-blättchen, zum Beispiel aus einem Teebeutel, verwenden.*

Süßes
& Desserts

189 *kcal*

E: 11,2 g, F: 3,0 g, Kh: 28,1 g,
kJ: 795, BE: 2,5

Apfelmusgrieß *mit Mandelsplittern*

125 ml Milch (0,3 % Fett)
1 Prise Salz
1 Prise Zucker
1 Prise gem. Zimt
15 g Hartweizengrieß
1 frisches Eiweiß (Größe S)
90 g kalorienarmes Apfelmus
oder -kompott (aus dem Glas)
1 TL gestiftelte Mandeln (5 g)

Zubereitungszeit: 20 Minuten

1. Milch mit Salz, Zucker und Zimt in einem Topf zum Kochen bringen. Den Topf von der Kochstelle nehmen. Den Grieß einstreuen und unter Rühren bei schwacher Hitze nach Packungsanleitung in etwa 5 Minuten ausquellen lassen.

2. Anschließend den Topf von der Kochstelle nehmen. Eiweiß steif schlagen und unter den heißen Grießbrei heben, dann Apfelmus oder -kompott unterziehen.

3. Mandeln in einer Pfanne ohne Fett leicht bräunen. Den Apfelmusgrieß auf einem Teller oder in einem Schälchen anrichten und mit den Mandeln bestreuen. Apfelmusgrieß sofort servieren.

Hinweis: Für den Apfelmusgrieß nur ganz frisches Eiweiß verwenden, das nicht älter als 5 Tage ist (Legedatum beachten!). Den Grieß zugedeckt im Kühlschrank aufbewahren und innerhalb von 24 Stunden verzehren.

TIPPS: *Der Apfelmusgrieß lässt sich gut als abendliches Dessert für die Familie zubereiten. Dafür am Morgen die Zutaten zum Beispiel vervierfachen und den Grieß wie beschrieben zubereiten, anschließend in 4 Portionen teilen und ohne die Mandeln in verschließbare Portionsgläschen füllen. Den Grieß gut verschlossen im Kühlschrank aufbewahren. Die gerösteten Mandeln erst kurz vor dem Verzehr daraufstreuen. Wenn Sie den Grieß, nachdem Sie den Eischnee untergehoben haben, noch einmal kurz aufkochen, können Sie ihn in den Gläschen und gut verschlossen auch 2–3 Tage im Kühlschrank aufbewahren.*
Möchten Sie für den Apfelmusgrieß nicht Magermilch, sondern fettarme Milch (1,5 % Fett) verwenden, dann hat jede Portion die folgenden Nährwerte: E: 7, 2 g, F: 4,2 g, Kh: 34,6 g, kJ: 866, kcal: 207, BE: 3,0).

215 *kcal*

E: 10,9 g, F: 4,5 g, Kh: 28,9 g,
kJ: 896, BE: 2,5

Fruchtmilch

½ Banane
(etwa 50 g Fruchtfleisch)
150 g Himbeeren
250 ml kalte Milch (1,5 % Fett)

Zubereitungszeit: 10 Minuten

1. Die Banane schälen und in Stücke schneiden. Himbeeren verlesen, evtl. kurz abspülen und trocken tupfen. Bananenstücke und Himbeeren in einen hohen Rührbecher geben und mit einem Pürierstab pürieren.

2. Nach und nach die gekühlte Milch hinzugießen. Die Zutaten mit dem Pürierstab nochmals kräftig durchschlagen.

3. Die Fruchtmilch in ein Trinkglas füllen und gut gekühlt servieren.

TIPP: *Wenn Sie es lieber etwas süßer mögen, geben Sie noch 1 Prise Zucker mit in die Milch (zusätzlich E: 0,0 g, F: 0,0 g, Kh: 2,0 g, kJ: 33, kcal: 8, BE: 0,2).*

Erdbeer-Himbeer-Smoothie
(ohne Foto)

E: 5,6 g, F: 4,2 g, Kh: 13,7 g, kJ: 555, BE: 1,0

50 g Erdbeeren
100 g Himbeeren
50 g Joghurt (3,5 % Fett)
50 ml Milch (3,5 % Fett)
50 ml Zitronensaft

evtl. 2–3 Himbeeren
etwas gem. Zimt
Zubereitungszeit: 15 Minuten

1. Erdbeeren abspülen, trocken tupfen und entstielen. Erdbeeren in Stücke schneiden. Die Himbeeren verlesen, evtl. kurz abspülen und gut abtropfen lassen.

2. Erdbeerstücke und Himbeeren mit Joghurt, Milch und Zitronensaft in einen hohen Rührbecher geben und mit einem Pürierstab pürieren. Smoothie nach Belieben einige Zeit zugedeckt in den Kühlschrank stellen.

3. Den Smoothie in ein Glas füllen, nach Belieben mit einigen Himbeeren garnieren und mit Zimt bestäuben.

TIPP: *Durch die Säure des Zitronensaftes kann es passieren, dass die Milch gerinnt. Achten Sie deshalb darauf, dass die Milch gut gekühlt ist oder verwenden Sie Sojamilch.*

Birnenmus-Trifle

Für das Birnenmus:
1 Birne (etwa 175 g)
2 TL Wasser
1 EL Zitronensaft
evtl. 1 Prise Zucker
etwas gem. Zimt

25 g gepuffter, ungesüßter
Quinoa Vollkorn (Quinoa-
Pops, erhältlich im Naturkost-
laden oder Reformhaus)
100 g Joghurt (1,5 % Fett)
etwas Frucht-Dicksaft,
z. B. Birnen- oder
Agaven-Dicksaft
evtl. etwas gem. Zimt zum
Bestreuen

Zubereitungszeit: 20 Minuten

1. Für das Birnenmus Birne schälen, vierteln, entkernen und in kleine Stücke schneiden. Die Birnenstücke mit Wasser und Zitronensaft in einem kleinen Topf zum Kochen bringen und zugedeckt bei schwacher Hitze etwa 8 Minuten kochen lassen, bis die Birnenstücke weich sind.

2. Die Birnenmasse pürieren (**Vorsicht:** Die Masse ist heiß!), mit Zucker und Zimt abschmecken, etwas abkühlen lassen.

3. Gepufften Quinoa mit dem Joghurt verrühren. Die Quinoa-Joghurt-Masse nach Belieben mit etwas Frucht-Dicksaft nachsüßen.

4. Die Hälfte der Quinoa-Joghurt-Masse in ein hohes Glas füllen. Birnenmus daraufgeben. Die restliche Quinoa-Joghurt-Masse darauf verteilen und nach Belieben mit Zimt bestreuen.

TIPPS: *Für geschichtetes Birnenkompott mit Quinoa (im Foto links) die stückigen Birnen (mit der Flüssigkeit) nicht pürieren. Birnenkompott ebenso mit Zucker und Zimt abschmecken. Abwechselnd in einem hohen Glas etwas Quinoa, etwas Joghurt und etwas Birnenkompott einschichten. So lange wiederholen, bis alle Zutaten verbraucht sind.*
Birnenmus-Trifle mit einigen abgespülten, trocken getupften Zitronenmelisse- oder Minzeblättchen garnieren.

VARIANTE: *Für Apfelfans statt Birnenmus die gleiche Menge Apfelmus für ein Apfelmus-Trifle einplanen (entweder selbst gemacht oder gekauft). Für die Geschmacksharmonie am besten mit Apfel-Dicksaft süßen (dann E: 7,7 g, F: 3,7 g, Kh: 44,2 g, kJ: 1043, kcal: 248, BE: 3,5).*

Mandarinen-Quarkspeise

100 g abgetropfte Mandarinen
(natursüß, aus der Dose)
200 g Magerquark
1 EL Mineralwasser mit
Kohlensäure
1 TL flüssiger Honig (10 g)
2 EL Mandarinensaft
(aus der Dose)

Zubereitungszeit: 5 Minuten

1. Von den Mandarinen den Saft auffangen und 2 Esslöffel davon abmessen. Quark mit Mineralwasser, Honig und dem abgemessenen Mandarinensaft glatt rühren.

2. Die Mandarinen unter den Quark rühren und anrichten.

233

E: 27,3 g, F: 0,8 g, Kh: 26,1 g,
kJ: 977, BE: 2,0

ERNÄHRUNGSTIPP: *Quark ist sehr eiweißreich und wird mit unterschiedlichen Fettgehalten angeboten. 100 g Magerquark hat nur etwa 0,3 g Fett und etwa 72 kcal. Magerquark ist somit gut für eine fettarme Ernährung geeignet.*

VARIANTEN: *Die Quarkspeise lässt sich auch mit 3 abgetropften Aprikosenhälften (etwa 100 g) oder 1½ abgetropften Pfirsichhälften (etwa 100 g) zubereiten.*
Die Aprikosen-Quark-Speise hat folgende Nährwerte:
E: 27,2 g, F: 0,6 g, Kh: 31,2 g, kJ: 1053, kcal: 252, BE: 2,5.
Die Pfirsich-Quark-Speise hat folgende Nährwerte:
E: 27,1 g, F: 0,6 g, Kh: 31,1 g, kJ: 1036, kcal: 248, BE: 2,5.

Zimtjoghurt *mit Bananensalat*

Für den Bananensalat:
1 kleine Orange
½ Banane (etwa 75 g Fruchtfleisch)
etwas flüssiger Honig

Für den Zimtjoghurt:
150 g Joghurt (1,5 % Fett)
½–1 TL Dr. Oetker Vanillin-Zucker
½ gestr. TL gem. Zimt
1 TL gehackte Pistazienkerne (etwa 5 g)

Zubereitungszeit: 15 Minuten

1. Für den Salat die Orange so schälen, dass die weiße Haut mitentfernt wird. Die Filets zwischen den Trennhäuten herausschneiden. Trennhäute ausdrücken und dabei den Saft auffangen.

2. Banane schälen und in Scheiben oder Stücke schneiden. Orangenfilets vierteln und mit den Bananenscheiben oder -stücken in einer Schüssel vermischen.

3. Den aufgefangenen Orangensaft mit dem Honig verrühren, auf die Bananen-Orangen-Mischung geben und vorsichtig untermengen.

4. Für den Zimtjoghurt den Joghurt mit Vanillin-Zucker und Zimt mit einem Schneebesen glatt rühren. Den Joghurt in einem Dessertschälchen verteilen.

5. Den Bananensalat auf den Zimtjoghurt geben und mit Pistazienkernen bestreuen.

TIPPS: *Sie können den Zimtjoghurt auch mit der gleichen Menge Mandeln (geröstet, gehackt oder gestiftelt) bestreuen. Für eine exotische Note ersetzen Sie die Pistazienkerne durch geröstete Kokosraspel.*

Kiwi-Apfel-Refresher

2 Kiwis (etwa 180 g)

1 säuerlicher Apfel
(etwa 100 g)

1 TL flüssiger Honig (10 g)

1 TL gehackte Pfefferminzblättchen

Zubereitungszeit: 5 Minuten

1. Die Kiwis schälen und in kleine Würfel schneiden. Apfel ebenfalls schälen, vierteln und das Kerngehäuse herausschneiden. Die Apfelviertel klein würfeln.

2. Kiwi- und Apfelwürfel mit Honig und Pfefferminzblättchen verrühren. Kiwi-Apfel-Refresher in einem Trinkglas anrichten.

E: 1,3 g, F: 1,0 g, Kh: 27,5 g,
kJ: 555, BE: 2,5

VARIANTE: *Für einen Trauben–Bananen–Refresher 150 g grüne oder blaue (möglichst kernlose) Weintrauben abspülen, trocken tupfen, halbieren und evtl. entkernen. 1 kleine Banane (100 g) schälen, in dünne Scheiben schneiden und mit ½–1 Teelöffel frisch gepresstem Zitronen- oder Orangensaft vermischen. Die Weintraubenhälften und Bananenscheiben mit Honig und Pfefferminzblättchen verrühren und in ein Glas füllen (dann E: 1,9 g, F: 0,6 g, Kh: 40,2 g, kJ: 758, kcal: 182, BE: 3,5).*

Kapitelregister

Alphabetisches Register

Impressum

Für Fragen, Vorschläge oder Anregungen stehen Ihnen der Verbraucherservice der Dr. Oetker Versuchsküche
Telefon: 00800 71 72 73 74 Mo.–Fr. 8:00–18:00 Uhr, Sa. 9:00–15:00 Uhr (gebührenfrei in Deutschland)
oder die Mitarbeiter des Dr. Oetker Verlages Telefon: +49 (0) 521 52 06 51 Mo.–Fr. 9:00–15:00 Uhr
zur Verfügung.
Oder Sie schreiben uns: Dr. Oetker Verlag KG, Am Bach 11, 33602 Bielefeld. Oder besuchen Sie uns online unter
www.oetker-verlag.de, www.facebook.com/Dr.OetkerVerlag oder www.oetker.de.

Umwelthinweis
Dieses Buch und der Einband wurden auf chlorfrei gebleichtem Papier gedruckt. Die Einschrumpffolie – zum Schutz vor Verschmutzung – ist aus umweltfreundlichem und recyclingfähigem PE-Material.

Copyright
© 2013 by Dr. Oetker Verlag KG, Bielefeld

Redaktion
Christina Langner, Annette Riesenberg

Titelfoto
Thomas Diercks, Hamburg

Innenfotos
Fotostudio Diercks – Thomas Diercks/ Kai Boxhammer/ Christiane Krüger, Hamburg
außer:
Walter Cimbal, Hamburg (S. 120)
Antje Plewinski, Berlin (S. 10, 12, 20, 116, 118, 122)
Hans-Joachim Schmidt, Hamburg (S. 48, 54)

Rezeptentwicklung und -beratung
Susanne Raht, Hamburg

Nährwertberechnungen
Nutri Service, Hennef

Grafisches Konzept
FUCHS_DESIGN, Sabine Fuchs, München

Satz
Final Art, Manfred Karg, München

Titelgestaltung
küstenwerber, Hamburg

Reproduktionen
Repro Ludwig, Zell am See, Österreich

Druck und Bindung
Mohn Media Mohndruck GmbH, Gütersloh

Die Autoren haben dieses Buch nach bestem Wissen und Gewissen erarbeitet. Alle Rezepte, Tipps und Ratschläge sind mit Sorgfalt ausgewählt und geprüft. Eine Haftung des Verlages und seiner Beauftragten für alle erdenklichen Schäden an Personen, Sach- und Vermögensgegenständen ist ausgeschlossen.

ISBN: 978-3-7670-0855-7